DESIGN YOUR BUSINESS

당신의 사업을 설계하라

지금 당신은 어떤 권리소득을
받고 있습니까?

도서출판 **LINE**

시작하며

아무리 세월이 흘러도 변치 않는 진리의 말이 있습니다.

'돈이 돈을 번다.'

이것은 말 그대로 돈이 있어야 돈을 번다는 의미입니다. 이 말을 증명하듯 거의 모든 재테크 전문가들이 가장 먼저 종자돈을 만들라고 조언합니다.

예를 들어 눈으로 눈사람을 만드는 경우를 생각해봅시다. 눈사람을 만들려면 큰 눈덩이 두 개가 필요한데, 이를 위해서는 일단 두 손으로 한 줌의 눈부터 뭉치기 시작해야 합니다. 눈덩이가 어느 정도 커질 때까지는 양손을 이용해 계속 눈을 모아 두드려가며 뭉쳐야 하지요.

그렇게 해서 눈덩이가 머리만큼 커지면 그때부터는 눈밭에 눈덩이를 굴리기만 해도 쑥쑥 불어납니다. 눈밭에 굴릴수록 눈덩이는 더욱더 쉽게 커집니다.

돈을 모으는 원리도 이와 같습니다. 눈사람을 만들 때 일단 머리만한 크기의 눈덩이를 만들 듯 열심히 노력해서 종자돈을 모아야 합니다. 이때 눈덩이를 뭉치는 것은 일을 해서 알뜰히 돈을 모으는 것과 같습니다. 이런 노력으로 종자돈이 모이면 창업이나 투자를 통해 돈을 더 크게 불릴 수 있습니다.

머리만 한 눈덩이를 눈밭에 굴려 쉽게 큰 눈덩이를 만드는 것처럼 종자돈을 열심히 모을 때보다는 투자나 창업을 하는 것이 큰돈을 버는 데 더 유리합니다.

우리가 여기서 집중해야 할 것은 종자돈입니다. **종자돈은 소득을 창출 및 유지하는 것은 물론 그것이 더 늘어나도록 해주는 열쇠입니다.** 많은 사람이 종자돈을 강조하는 이유가 여기에 있습니다. 종자돈은 자산의 밑바탕으로 그것은 더 큰돈을 끌어당깁니다.

자산이란 경제적 가치가 있는 유·무형의 재산으로 이러한 자산이 요술을 부려 안정적이고 지속적인 소득을 만들어줍니다. 그 소득이 바로 권리소득입니다. 자산을 기반으로 발생한 소득에 대한 권리, 즉 권리소득은 황금알을 낳는 거위와 같습니다.

권리소득의 대표주자는 **이자소득, 인세소득, 임대소득, 프랜차이즈 소득**인데 이 중에서 당신은 어떤 소득을 올리고 싶습니까? 이 책을 읽고 나면 당신은 당신에게 맞는 권리소득을 스스로 선택할 수 있을 것입니다.

그럼 시작해볼까요?

Contents

Contents

'지금 당신은 어떤 권리소득을

받고 있습니까?'

Chapter 1

권리소득이란

권리소득은 '권리(權利)'와 '소득(所得)'이란 단어로 구성된 합성어입니다. 경제사전을 살펴보면 권리는 어떤 일을 행하거나 타인에게 당연히 요구할 수 있는 힘, 자격, 공권, 사권, 사회권을 말합니다. 소득은 일정 기간 동안 근로 사업 혹은 자산 운영 따위에서 얻는 수입, 봉급, 노임, 지대(地代), 이자 등을 뜻합니다. 쉽게 말해 권리소득은 **권리가 있는 소득**을 의미합니다.

권리소득을 올리는 사람들

넓게 봤을 때 권리소득은 내가 일한 것에 대해 권리가 있는 소득을 말합니다. 현재 각계각층에는 다양한 권리소득자가 있는데 그중 대표적인 유형은 다음과 같습니다.

첫째, 직장인입니다.

세상에서 가장 많은 유형인 이들은 회사와 근로계약을 맺고 한 달 동안 열심히 일한 대가로 월급을 받습니다. 이것이 직장인의 권리소득입니다. 직장인의 권리소득은 매달 안정적으로 들어오지만 회사를 그만둘 경우 그 권리소득은 곧바로 사라집니다.

둘째, 자영업자입니다.

이들은 자신의 점포를 개설해 제품 및 서비스를 판매한 대가로 소득을 창출하며 판매 규모에 따라 소득에 많은 차이가 있습니다. 자영업자의 권리소득은 직장인의 권리소득에 비해 규모가 클 수도 있으나 이것이 매달 유동적이라 안정성이 떨어집니다.

셋째, 사업가입니다.

세상에서 가장 적은 유형인 이들은 직접 회사를 세워 제품 및 서비스를 유통시킵니다. 언뜻 자영업자와 비슷해 보이지만 이들 사이에는 엄연히 차이가 있습니다. 사업가는 절대로 세일즈맨처럼 행동하지 않습니다. 다시 말해 이들은 직접 소비자를 상대로 제품 및 서비스를 판매하는 것이 아니라 **팔려 나가는 장치**를 만듭니다. 여기서 말하는 장치란 '**시스템**'을 의미합니다. 따라서 사업가가 직접 유통에 참여하지 않아도 제품 및 서비스의 유통이 이뤄집니다. 이들 사업가는 시스템을 잘 만들고 그 대가로 소득을 얻는데 이것이 바로 사업가의 권리소득입니다.

넷째, 자산가입니다. 충분한 자산을 갖고 있는 이들은 그 자산을 부동산이나 회사 주식에 투자해 수익을 올립니다. 자산으로 돈을 버는 것입니다. 세상의 많은 사람이 자산가의 흉내를 내지만 막대한 자산을 갖고 있는 자산가만이 자산을 통해 확실하게 권리소득을 올릴 수 있습니다.

이처럼 사람들은 여러 유형의 권리소득을 올리고 있습니다. 물론 모든 사람이 원하는 권리소득은 매달 안정적으로 유지 및 증가하는 소득입니다.

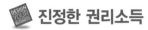 **진정한 권리소득**

매달 안정적으로 유지 및 증가하는 소득을 올리는 사람들은 바로 사업가와 자산가입니다. 많은 사람이 자신의 회사를 소유하고 자산을 축적하려 하는 이유가 여기에 있습니다. 다음의 표는 여러 가지 권리소득의 장단점을 한눈에 파악할 수 있도록 정리한 것입니다.

	직장인	자영업자	사업가	자본가
권리소득 원천	노동	노동	회사(시스템)	자산(시스템)
안정성	중	하	상	상
유지율	중	중	중	상
증가율	하	중	중	상

표에 나타나 있듯 권리소득의 장점을 가장 많이 누리는 유형은 바로 자산가입니다. 이들에게는 자산이라는 돈을 버는 시스템이 있기 때문입니다. 그럼 여기서 자산가의 소득을 근거로 권리소득을 다시 정의해봅시다.

'권리소득이란 돈 버는 시스템을 구축함으로써 일하지 않아도 소득이 지속적으로 발생하는 시스템 소득을 말한다.'

직장인은 노동을 통해 월급이라는 권리소득을 올립니다. 그 월급은 계약기간 1년 동안만 안정적이고 매년 유지 및 증가하는 비율이 턱없이 낮습니다. 여기에다 퇴사하면 곧바로 소득이 사라지므로 모두가 원하는 권리소득과는 거리가 있습니다.

자영업자도 마찬가지입니다. 특히 우리나라는 자영업자의 경쟁률이 너무 심한 데다 대기업마저 돈이 된다 싶으면 영세 자영업자의 영역으로 쉽게 뛰어들기 때문에 살아남기가 쉽지 않습니다.

지금은 베이비붐 세대의 은퇴 시점과 맞물리면서 경쟁이 더욱더 치열해져 매달 일한 만큼의 소득을 보장받기도 힘든 상황입니다. 이처럼 소득이 증가하기는커녕 유지하기도 빠듯한 자영업자의 소득도 모두가 원하는 권리소득이라 할 수 없습니다.

모두가 원하는 진정한 권리소득은 사업가와 자산가가 누리는 소득입니다. 이들에게는 회사와 자산이라는 시스템이 있기 때문입니다. 대표적인 권리소득으로는 이자소득, 인세소득(저작권), 임대소득, 프랜차이즈 소득이 있는데 이러한 소득은 사업가와 자산가가 독점하고 있습니다. 사실 일반인은 죽기 전에 꼭

한 번 이런 소득을 받아봤으면 하고 바랍니다.

 사업가는 임대소득과 프랜차이즈 소득을 올릴 수 있습니다. 그리고 자산가는 이자소득과 임대소득을 올립니다. 이러한 소득을 제외하면 대표적인 권리소득 중 남는 것은 '인세소득' 뿐입니다. 이것은 사업가나 자산가만 누리는 특권이 아닙니다. 그러나 우리가 기억해야 할 것은 인세소득도 사업가나 자산가처럼 특별한 능력을 갖춘 사람만 올릴 수 있는 소득이라는 사실입니다.
 결국 대표적인 권리소득은 평범한 사람이 쉽게 누리기 힘든 소득입니다.

 권리소득을 올리려면 시스템이 있어야 합니다. 그래서 지금까지는 아무나 범접할 수 없는 특별한 권리소득의 영역에 있었습니다. 그렇다면 왜 소수의 사람들만 그 소득을 누리고 있는 걸까요? 다음 장에서 그 이유를 알아봅시다.

Chapter 2

권리소득의 특징

우리가 원하는 권리소득은 열심히 일해서 만들어놓은 시스템을 통해 유지 및 증가하는 안정적인 소득입니다. 이러한 시스템이 있을 경우 원치 않을 때는 굳이 일하지 않아도 마치 불로소득처럼 소득을 올릴 수 있습니다. 이와 같은 소득을 올리려면 어떤 능력을 갖춰야 할까요?

 **권리소득을 창출하는 능력**

권리소득은 시스템을 통해 만들어지므로 무엇보다 시스템을 만드는 능력이 필요합니다. 기업을 설립해 크게 키우는 사람, 엄청난 자산을 소유한 자산가는 대체로 시스템을 만드는 능력을 갖추고 있습니다.

1) 수공업과 공장의 차이

권리소득은 완벽한 시스템을 통해 창출됩니다. 여기서 말하는 시스템이란 자신이 직접 관여하지 않아도 소득이 발생하는 것을 의미하며 이는 수공업과 공장을 비교하면 이해가 빠를 것입니다. 예를 들어 그릇을 하나 만든다고 해봅시다. 그릇을 만들려면 사람이 직접 제작하거나 아니면 공장에서 기계로 찍어내야 합니다.

먼저 사람이 직접 제작하는 경우를 살펴봅시다.

만드는 그릇의 숫자가 적을 때는 혼자 집중해서 만들 수 있습니다. 그렇지만 그릇 주문량이 늘어나면 한정된 제작기간 때문에 사람을 더 투입해야 합니다. 더구나 똑같은 모양의 그릇을 만들어내는 것은 불가능합니다.

이 경우 사람이 그릇을 하나 만들 때마다 소득이 발생하므로 사람이 곧 시스템입니다. 그런데 사람이 적으면 그릇 생산량이 적고 만약 사람이 늘어나면 생산한 그릇마다 모양이나 질이 다를 수밖에 없습니다. 그뿐 아니라 사람은 24시간 일할 수 없고 사고가 발생하거나 아프기라도 하면 이윤보다 비용이 더 들어갑니다. 결국 '사람'을 돈 버는 시스템이라고 말하기에는 부족함이 많습니다.

공장에서 만드는 것은 어떨까요? 공장에는 컴퓨터로 작동하는 표준화한 기계들이 아주 많습니다. 생산할 그릇의 샘플을 만들어 컴퓨터에 정보를 입력하면 정교한 기계들이 그 샘플을 그대로 만들어냅니다.

무엇보다 전기와 재료만 공급하면 24시간 생산이 가능하며 사람의 손을 거의 필요로 하지 않습니다. 사람처럼 아프거나 사고가 날 위험도 별로 없지요. 가장 매력적인 것은 어떤 모양의 그릇이라도 샘플만 있으면 언제든 생산이 가능하다는 점입니다. 기계는 사람의 노동에 비해 원가를 대폭 절감해주기 때문에 가격경쟁력에서 앞서가고 또 생산한 만큼 소득이 발생합니다.

수공업과 공장 중에서 돈을 버는 멋진 시스템은 바로 공장입니다. 일단 시스템을 소유하면 그다음에는 관리만 하면 그만입니다. 한 번의 지시만으로 매일 좋은 결과물을 얻기도 합니다. 이러한 시스템은 내가 그 자리에 없어도, 휴가나 여행을 떠나도 언제나 나를 위해 돈을 벌어줍니다.

능력자들은 이러한 시스템을 만들어 안정적인 권리소득을 창출합니다. 물론 능력자들도 초기에는 자신의 노동을 통해 돈을 법니다. 그렇지만 이들은 매번 같은 시간과 노력을 투자하면서도 어떻게 하면 더 좋은 결과를 낼 수 있을지 궁리합니다.

'능력' 하면 보통 물건을 잘 만드는 능력, 잘 판매하는 능력을 떠올리지만 능력자들은 그러한 능력을 기본적으로 갖추고 있습니다. 그들의 진짜 능력은 자신의 재능을 발휘해 시스템을 만듦으로써 권리소득을 창출하는 것입니다.

2) 특별하고 다양한 능력의 공통점

지금 우리 주위에는 햄버거 프랜차이즈점이 많이 있습니다. 그렇지만 그 햄버거 프랜차이즈점이 권리소득을 창출하는 것은 아닙니다. 정말로 돈을 버는 곳은 햄버거를 체계적으로 만드는 시스템을 갖춘 햄버거 프랜차이즈 본사입니다.

전 세계 119개국에서 3만 개 이상의 매장을 운영하는 맥도날드는 창립자 레이 크록(Ray Kroc)을 만나지 않았다면 영원히 맛있는 햄버거를 만드는 가게로만 남았을 것입니다. 전 세계 110여 개국에서 1만 7,000개 이상의 매장을 운영 중인 KFC는 창립자 커넬 샌더스(Colonel Sanders)가 아니었다면 탄생하지 못했을 겁니다. 그만큼 레이 크록과 커넬 샌더스에게는 특별한 능력이 있었습니다.

그들이 지니고 있던 특별한 능력이란 과연 무엇일까요? 그러면 여기서 권리소득을 창출하는 사람들이 갖춘 특별하고 다양한 능력의 공통점을 살펴보겠습니다.

<u>첫째, 꿈이 명확합니다.</u>

꿈을 능력에 포함시키는 것은 어딘지 이상하게 보이지만 꿈이 없는 사람이 너무 많다 보니 요즘은 꿈을 갖는 것도 능력으로 인식할 정도입니다.

꿈이 있는 사람에게 꿈은 세상을 살아가는 확실한 이유입니다. 그들은 무엇을 위해 사는지, 무엇이 되고 싶은지, 무엇을 하고 싶은지, 어디에 가고 싶은지가 명확합니다. 이러한 꿈은 굉장히 강력해서 그들을 가만히 놔두지 않습니다. 다시 말해 즉 각 행동하도록 만듭니다. 그래서 그런지 능력자들은 엄청난 행동가이기도 합니다.

꿈은 능력을 무한대로 확장하고 잠재력을 꽃피우도록 해줍니다. 그런데 많은 사람이 꿈이 없어서 이런 능력을 발휘하지 못합니다. 오히려 이들은 꿈을 키우는 대신 두려움을 키웁니다.

돈·시간·환경에 상관없이 모든 것이 가능하다는 전제 아래 과연 당신이 무엇을 하고 싶고, 무엇이 되고 싶고, 어떤 것을 갖고 싶은지 생각해보십시오. 그런 것이 늘어날수록 봉인되어 있던 꿈이 보다 명확하게 드러납니다. 능력자들은 언제나 가슴속에 꿈을 간직하고 있습니다.

<u>둘째, 자신만의 분명한 철학과 비전이 있습니다.</u>

꿈이 삶의 이유라면 철학과 비전은 삶의 방향을 명확히 해줍니다. 즉, **철학과 비전은 자존감을 한층 강화해 원하는 삶이 드러나게 만들어줍니다.**

맥도날드의 창립자인 레이 크록에게는 자신만의 철학과 비전이 있었습니다. 그 철학과 비전이 맥도널드 형제를 만나 지금의 거대한 맥도널드 프랜차이즈를 일궈낸 것입니다. 한때 맥도널드는 그들의 프랜차이즈 방식이 불법인지 합법인지를 놓고 법적 분쟁에 휘말리기도 했습니다.

레이 크록의 철학과 비전은 그 당시 어려운 상황을 이겨내는 데 큰 힘이 되었을 것입니다. 집중력과 추진력, 성공을 자신의 것으로 생각하는 당당한 자세는 철학과 비전이 있을 때라야 가능합니다.

<u>셋째, 항상 부지런히 배우고 눈과 귀를 열어둡니다.</u>

다시 말해 늘 겸손하고 어떤 것이라도 받아들일 자세를 갖추고 있습니다. 어느 성인이 주먹을 쥐면 그만큼밖에 갖지 못하지만 주먹을 펴면 세상을 다 가질 수 있다고 말했습니다. 하지만 많은 사람이 눈앞에 보이는 것에만 집중하고 세상의 다양한 정보를 차단합니다.

한 설문조사에 따르면 부자의 85퍼센트는 평생교육을 통한 자기계발의 힘을 믿고 꾸준히 배운다고 합니다. 이들은 급변하는 세상에서 쏟아져 나오는 수많은 정보를 유익한 혜택으로 여깁니다.

사회생활을 시작할 때부터 배움을 통해 정보를 접하고 그 정보에서 새로운 것을 습득하는 그들은 그중에서 자신에게 유익한 것을 추려낼 줄 압니다. 이것을 습관화하면 배움은 생활의 일부분으로 자리 잡습니다.

우리의 학창시절은 보통 약 20년인데 그때 배운 지식 및 정보가 60년 넘게 존속되리라고 기대하는 것은 애초부터 무리입니다. 지금은 1년마다 강산이 변하는 시기이므로 우리는 끊임없이 학습해야 합니다.

능력은 갖기 위해 애쓰는 자에게 주어지는 램프의 요정입니다. 마음의 문을 열고 배움에 집중한다면 누구나 능력을 키울 수 있을 것입니다.

넷째, 1퍼센트의 가능성에 집중합니다.

평범한 사람에게는 1퍼센트가 그저 숫자에 불과할지도 모르지만 능력자에게 1퍼센트는 성공의 열쇠입니다. 평범한 사람은 다들 그렇게 산다며 99퍼센트가 되려고 합니다. 반면 능력자들은 죽기 전에 반드시 1퍼센트에 속하고자 합니다. 바로 이런 생각이 비범함과 평범함을 가릅니다.

가능성을 현실화하는 것은 생각의 차이에서 비롯됩니다. 물론 그 가능성은 생각을 단정짓지 않는 능력자들이 키웁니다. 따라서 그들에게는 1퍼센트라도 충분한 가능성이 있습니다. 세상은 스스로 노력하는 자를 돕는다고 했습니다. 99퍼센트에 속하는 사람들이 1퍼센트에 속하는 능력자처럼 생각하기 시작하면 누구나 능력자의 길로 들어설 수 있습니다.

　이 네 가지 특징을 능력자만의 특권이라고 생각합니까? 하늘이 점지해준 사람만 능력자의 삶을 산다고 생각합니까? 만약 그렇게 생각한다면 당신은 계속해서 평범하게 살 수밖에 없습니다.
　그래도 권리소득은 누리고 싶지 않나요? 권리소득을 누릴 능력을 갖추고 싶다면 다음의 묘책에 귀를 기울이십시오. 그것은 '가치관'에 변화를 주는 것입니다. 능력자들은 모두 가치관이 남달랐습니다. 지금부터라도 권리소득을 누리도록 가치관에 변화를 주십시오.
　안정적으로 유지 및 증가하는 소득을 올리고 싶다면 폐쇄적이고 부정적인 가치관에서 벗어나야 합니다. 긍정적이고 열린 자세로 세상을 경험하고 새로운 것에 도전하면 권리소득을 올리는 능력자로 거듭날 수 있을 것입니다.
　닫았던 눈과 귀, 마음을 열고 새로운 것을 접하십시오. 권리소득의 종류는 갈수록 더욱 다양해지고 기회도 풍부해질 전망입니다.

시대에 맞는 무형 자산

경제용어 사전을 찾아보면 자산은 '**개인이나 집단이 미래에 성공 혹은 발전할 수 있는 바탕이 될 만한 것을 비유적으로 이르는 말**'이라고 정의되어 있습니다. 이러한 정의는 이 책에서 말하고자 하는 자산의 의미를 잘 표현하고 있습니다.

우리가 원하는 권리소득에는 충분한 자산이 필요합니다. 다시 말해 자산은 개인의 안정적이고 행복한 삶을 위해 필요한 소득의 바탕이 되는 '그 무엇'입니다. 여기서 '그 무엇'이란 삶을 위해 안정적이고 지속적으로 올릴 수 있는 소득을 말합니다.

지금까지 우리가 자산으로 생각해온 대표적인 것은 **토지, 건물, 예금이자, 주식배당금, 인세, 로열티**입니다. 이것은 인간이 경제활동을 시작한 이후 부의 상징으로 여겨져 왔고 21세기인 지금도 높은 가치를 지닌 자산으로 대접받고 있습니다.

그런데 얼마 전부터 이런 자산 사이에 가치의 변화가 시작되었습니다. 자산의 종류에는 유형 자산과 무형 자산이 있는데, 가치의 중요성이 형태가 있는 유형 자산에서 형태가 없는 무형 자산으로 이동하고 있는 것입니다.

그도 그럴 것이 20세기에는 보이는 것이 중요했습니다. 당시에는 거래를 할 때마다 눈으로 직접 확인을 했습니다. 그래서 현금이 중요했고 땅과 건물이 거래에서 주가 되었습니다. 다시 말해 돈을 모아 목돈이 생기면 사람들은 땅이나 건물을 사서 자산을 확보했으며, 그것을 통해 지속적인 소득을 창출했습니다.

뭐니 뭐니 해도 20세기에는 땅과 건물이 가장 큰 자산 가치를 지녔고 우리는 그런 자산을 많이 소유한 사람을 갑부라 부르며 칭송했습니다. 그런데 21세기로 넘어오면서 급속한 시대 변화로 자산 가치와 갑부의 기준이 변하기 시작했습니다. 가장 큰 변화는 보이지 않는 세상이 열린 것입니다. 그것은 바로 온라인 세상입니다.

컴퓨터와 인터넷이 발달하면서 새롭게 탄생한 온라인 세상! 과연 누가 이런 세상을 상상이나 했겠습니까? 한데 이곳에서 눈으로 봐도 믿기 힘든 일들이 벌어지기 시작했습니다. 은행이 만든 온라인 뱅킹에서는 현금이 오가지 않아도 돈 거래가 이뤄졌고 전문가만 알고 있던 주식시장이 일반인에게 널리 알려지면서 새로운 가치를 창출했습니다.

TV 홈쇼핑과 인터넷 쇼핑 시장은 실물시장보다 더 크게 성장해 아예 유통 형태를 바꿔버렸습니다. 온라인의 보이지 않는 세계가 현실세계를 잠식한 것입니다.

또한 21세기 들어 시대의 흐름이 산업화에서 정보화로 바뀌자 정보의 가치가 대단한 위력을 떨치기 시작했습니다. 가령 주식, 인세, 로열티가 자산으로써 큰 가치를 지니게 되었습니다. 요즘 세계적인 부호의 순위를 매길 때 현금보유액보다 주식, 인세, 로열티를 얼마나 보유하고 벌어들이느냐를 부의 척도로 삼을 정도입니다.

당신이 21세기의 진짜 갑부가 되려면 꾸준히 돈을 벌어주는 권리소득이 필요한데, 이를 위해서는 **시대에 맞는 무형 자산을 구축**해야 합니다. 자산에 대한 자세한 내용은 다음 장에서 설명하겠습니다.

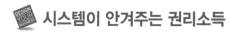 시스템이 안겨주는 권리소득

지금까지 권리소득을 말하면서 시스템을 강조한 이유는 그만큼 시스템이 권리소득과 깊은 관련이 있기 때문입니다. 시스템이 무엇인지 그 이해를 돕기 위해 예를 하나 들어보겠습니다.

베스트셀러 《파이프라인 우화》는 자칫 딱딱할 수 있는 시스템 이야기를 재미있게 들려주고 있습니다. 이 책에서 부자가 되는 길을 궁리한 파블로와 브루노는 처음에 각자 다른 형태로 일했습니다. 둘 다 마을의 물탱크에 물을 채우고 일당을 받았지만 파블로는 돈을 덜 벌더라도 오전에만 일하고 오후에는 파이프라인을 설치했습니다. 브루노는 하루 종일 물통을 날라 파블로보다 두 배 많은 돈을 벌었습니다.

시간이 흘러 파블로가 파이프라인을 완성하면서 그들의 상황에 완전한 변화가 찾아왔습니다. 물론 그들은 시스템이 무엇인지 몰랐지만 결국 파이프라인이라는 시스템으로 희비가 엇갈린 것입니다. 당장 눈앞에 보이는 돈과 안정적인 일자리만 생각한 브루노는 초기에 파블로보다 많은 돈을 벌었으나 고된 일에 지쳐갔고, 파블로의 파이프라인이 완성되면서 그 일자리마저 사라졌습니다.

파블로는 초기에 일하면서 파이프라인을 설치하느라 고된 시간을 보냈지만 얼마 지나지 않아 돈이 마르지 않는 수익의 원천인 **파이프라인 시스템**으로 부자가 되었습니다.

바로 이런 것이 시스템입니다. 단기간 동안 열심히 노력해서 시스템을 구축하면 그다음에는 일하지 않아도 지속적인 소득이 발생하는 것입니다. 완벽한 시스템을 구축한 대기업의 CEO, 프랜차이즈 창립자, 인세를 받는 사람은 모두 마르지 않는 수익의 샘을 갖고 있는 셈입니다.

안정적이고 꾸준히 유지 및 증가하는 소득은 완벽한 시스템을 통해 가능합니다. 특히 권리소득에서는 능력이나 자산보다 시스템의 유무가 더 중요하다고 해도 과언이 아닙니다.

시스템은 개개인의 능력을 보완해줍니다. 시스템은 자산이 없는 사람도 자산을 쌓게 해줍니다. 그렇다고 능력을 갖춘 사람만 시스템을 구축할 수 있는 것은 아닙니다. 능력이 있어야 시스템을 구축한다는 생각은 케케묵은 과거의 유산일 뿐입니다.

지금 이 순간에도 세상은 빠르게 변하고 있고 갈수록 변화 속도가 점점 더 빨라지고 있습니다. 그 변화 속에는 능력과 자산이 없어도 내 시스템을 만들 기회가 당당히 자리 잡고 있습니다.

권리소득을 만들어 평생 행복하게 살고 싶다면, 권리소득으로 인생을 확 바꿔보고 싶다면, 세상의 정보에 눈과 귀를 여십시오.

Chapter 3

권리소득의 종류

권리소득을 만드는 방법은 매우 다양합니다. 그것을 가능하게 해주는 대표적인 방법이 이자, 부동산, 주식배당금, 인세(저작권), 로열티입니다. 이는 만드는 방법에 따라 티끌 모아 태산형, 금수저형, 재능형, 신지식형으로 나눌 수 있습니다.

다음의 도표는 그것을 알기 쉽게 분류해놓은 것입니다.

	이자	부동산	주식배당금	인세(저작권)	로열티
만드는 방법	티끌 모아 태산형	금수저형	금수저형	재능형	신지식형
형태	유형	유형	무형	무형	무형
원천	현금	토지, 건물	주식	책, 디자인, 음악, 영화 캐릭터 등	프랜차이즈, 네트워크 마케팅
환경 영향	민감함	민감함	민감함	상관없음	보통
수익률	저	중	중	상	상

이자

가장 흔한 방법으로 돈만 있으면 누구나 쉽게 만들 수 있는 권리소득입니다. 화폐경제가 시작된 이후 이자소득은 주로 돈을 빌려주고 빌리는 관계에서 발생했습니다. 이렇게 시작된 이자소득은 정식 은행이 생기면서 법적으로 보호를 받기 시작했습니다. 즉, 누구나 은행에 돈을 맡기면 이자소득을 올릴 수 있었습니다.

이자를 만드는 방법을 **'티끌 모아 태산형'**이라 부르는 이유는 말 그대로 열심히 돈을 모아야 이자라는 권리소득을 받기 때문입니다. 이자의 원천은 현금보유액으로 은행에 예치한 현금이 많을수록 받는 이자도 액수가 커집니다.

이자는 가장 안전하면서도 보편화되어 있고 은행과 예금기간을 스스로 선택할 수 있다는 장점이 있는 반면, 경제 환경에 따라 이자율 변동이 심하고 큰 소득을 기대하기가 어렵다는 단점이 있습니다.

과거에는 금리가 높아 은행에 1억 원을 넣어두면 매달 약 100만 원의 이자가 발생했기 때문에 은행에 몇 억 원만 넣어놔도 안정적인 노후생활을 즐길 수 있었습니다. 그러나 지금은 금리가 1퍼센트대에 불과해 10억 원 정도를 넣어놔야 간신히 월 100만 원의 이자를 받습니다. 더 심각한 것은 이웃나라 일본처럼 은행에 예금할 때 예금수수료를 지불하는 마이너스 금리 시대가 올 수도 있다는 점입니다.

요즘 같은 저금리 시대에는 많은 사람이 CMA통장, 적립식펀드, 원금보장ELS처럼 입출금이 자유롭거나 복리이자 혹은 비과세 상품을 많이 선택하며 분산투자로 이자를 조금이라도 더 받으려고 애를 씁니다. 하지만 개개인이 상품을 하나하나 분석해서 가입하기가 까다롭고 좋은 상품은 금세 판매가 종료되는 까닭에 전문가에게 투자를 의뢰하는 경우가 많습니다.

이자를 통해 권리소득을 올리는 것은 분명 누구나 할 수 있는 안정적인 방법입니다. 동시에 지금은 이자로 고수익을 올리는 것이 거의 불가능에 가깝다는 것도 자명한 사실입니다. 저성장, 저금리 시대에는 이자소득에만 기대기보다 목돈은 부동산과 주식 등에 투자하고 저축을 통한 이자소득은 하나의 자산관리 수단으로 생각하는 것이 현명합니다.

부동산

이것은 정확히 말하면 부동산임대업을 뜻합니다. 사실 부동산임대업은 오랜 옛날 농경 시대부터 시작되었습니다. 토지를 소유한 지주는 토지의 일부를 소작농에게 임대했고, 1년 동안 열심히 농사를 지은 소작농은 쌀 수확량의 일부를 임대료로 지불했습니다. 따라서 농경 시대의 권리소득은 지주가 받는 쌀이었습니다.

농경 시대를 지나 공업 시대가 열리면서 넓은 땅에 공장이 속속 들어섰고 토지 소유자는 매달 쌀 대신 현금으로 권리소득을 받았습니다. 우리가 알고 있는 부동산임대업과 안정적인 권리소득은 이때 출현한 것입니다.

한국에서는 6.25 전쟁이 끝나면서 사회, 경제가 안정을 찾자 출산율이 높아졌고 본격적인 경제성장이 시작되었습니다. 이때 공장뿐 아니라 집과 건물이 우후죽순 새로 생겨났습니다. 이러한 흐름은 20세기 말까지 이어졌고 덕분에 부동산은 호황을 누렸으며 부동산으로 권리소득을 받는 부자가 탄생했습니다.

당시에는 토지나 건물을 사는 것이 부자가 되는 지름길이었습니다. 더구나 돈만 있으면 누구나 토지 소유주나 건물주가 될 수 있었습니다. 열심히 돈을 모아 토지와 건물을 소유한 사람들은 옛날의 지주처럼 사람들에게 토지와 건물을 임대하고 매달 임대료를 챙겼습니다. 이렇게 돈맛을 접한 이들은 부동산의 매력에 흠뻑 빠졌고 점점 그 영역을 확장했습니다. 아마 지금의 부동산 부자는 대부분 그때부터 부동산임대업에 뛰어들었을 것입니다.

지금은 정보화 시대로 공장뿐 아니라 아파트, 빌딩을 지어 임대하는 것이 보편화되었습니다. 그러나 과거와 달리 많은 위험부담이 생겼습니다. 과거에는 나라가 주도하는 경제개발이라는 배경 아래 아파트나 건물을 아무리 지어도 수요 걱정이 없었지만, 지금은 장기적인 불황과 저성장으로 건물의 공실률이 심각할 정도로 높습니다.

물론 아직도 분위기 파악을 하지 못한 사람들은 건물을 짓거나 구입해 부동산임대업을 하려고 합니다. 그들은 목이 좋고 수요가 많은 지역은 이미 과거의 부동산 부자들이 차지하고 있다는 사실을 모르고 있습니다.

부동산 전문가에 따르면 한국에서 산을 제외한 평지는 10퍼센트 정도인데 그마저 20퍼센트의 부자가 80퍼센트 이상의 땅을 소유하고 있다고 합니다. 과거에는 누구나 부동산임대업을 쉽게 시작해 어렵지 않게 돈을 벌었지만 이제는 부자들이 기득권을 장악한 상태라 일반인은 꿈꾸는 것조차 어렵습니다. 그래서 부동산으로 권리소득을 올리는 방법을 일명 **'금수저형'**이라고 합니다. 이제 부동산은 금수저를 물고 태어난 사람의 소유물이자 특권입니다.

그래도 부동산임대업으로 매달 발생하는 수익, 즉 권리소득이 달콤하다는 사실은 불변의 진리입니다. 모두가 이것을 알기에 지금도 많은 사람이 부동산에 관심을 기울이고 있습니다. 일반인은 열심히 돈을 모아 아파트를 분양받고, 유명 스타는 목 좋은 곳에 건물을 사며, 건물을 물려받은 상속자는 그 건물을 팔고 더 좋은 건물을 짓거나 매입합니다.

이미 거대자본을 소유한 부자들이 장악해버린 부동산! 부동산 분야에서도 빈익빈 부익부 현상은 갈수록 심각해지고 있습니다. 일반인은 허리띠를 졸라매고 열심히 돈을 모아 아파트 한

채라도 장만하려 애를 쓰지만, 그보다 몇 발 앞선 부동산 상속자는 일반인이 상상도 할 수 없는 돈을 부동산임대업을 통한 권리소득으로 벌어들이고 있습니다.

20년~30년을 열심히 모아도 원하는 곳에 아파트 한 채를 사기가 버거운 현실 속에서 일반인이 부동산임대업으로 권리소득을 올린다는 것은 어쩌면 영원히 꿈으로 남을지도 모를 일입니다.

주식배당금

주식배당금이란 주식회사가 벌어들인 이익을 주주들이 소유한 주식 수에 따라 정해진 비율만큼 지급하는 것을 말합니다. 이러한 배당금은 보통 연말에 받거나 연중에 한 번 더 받는데 이때 주식계좌와 연동된 통장으로 자동지급 받습니다.

외국에서는 이것을 '배당투자'라고 부릅니다. 가끔은 한 주식을 오래 보유한 투자자가 수익률에 따라 은행의 평균이자보다 높은 배당금을 받아 화제가 되기도 합니다. 세계적으로 유명한 투자자 워런 버핏도 배당투자자인데 배당투자는 정평이 난 유명한 투자방식입니다.

흔히 주식투자에서는 매수나 매도 시에 생기는 시세차익으로만 돈을 번다고 생각하는데 이는 잘못된 것입니다. 진정한 주식부자는 진정한 권리소득, 즉 주식배당금을 받습니다.

주식 부자는 배당을 많이 해주는 일명 '배당주'를 매입해 매년 배당금을 챙기고 느긋하게 주가가 뛸 때를 기다리는 여유로운 투자를 합니다. 여기서 매년 발생하는 배당금이 **권리소득**이며 이것은 안정적이고 유지 및 증가할 확률이 높습니다. 한국에서도 매년 5퍼센트 이상의 배당금을 받고 주가도 꾸준히 올라 시세차익까지 챙기는 사례가 종종 있습니다.

주식으로 권리소득을 얻으려면 어떻게 해야 할까요? 이것은 두 가지로 나뉘는데 하나는 열심히 공부해서 전문가가 되는 **자수성가형**이고, 다른 하나는 부모를 잘 만나 주식을 물려받는 **상속형**입니다. 이렇게 나누는 방식이 이상해 보일 수도 있지만 이는 현실을 반영한 분류입니다.

오늘날 주식으로 권리소득을 올리려면 스스로 능력을 갖추거나 아니면 능력을 물려받거나 둘 중 하나에 속해야 합니다. 당신은 어디에 속합니까? 당신의 능력이 탁월한가요, 아니면 부모의 능력이 탁월한가요? 다시 묻겠습니다. 자신의 능력을 키우는 것이 빠를까요, 아니면 부모의 능력을 키우는 것이 빠를까요?

당연히 자신의 능력을 키우는 것이 빠를 겁니다. 이 사실을 인정하는 사람은 주식 전문가가 되기 위해 열심히 공부할지도 모릅니다. 그런데 배우면 배울수록 알다가도 모를 것이 바로 주식입니다. 아무튼 기본적으로 회사의 손익계산서와 재무상태표를 볼 줄 알아야 하고 세계적인 경제 흐름을 파악해야 하며 주식시장의 근본적인 시스템도 알아야 합니다. 그 외에도 숱한 시도와 도전으로 노하우를 축적해야 합니다.

결국 아파트 한 채를 사려면 몇 십 년 동안 돈을 모아야 하고, 주식 전문가가 되기 위해서는 오랜 세월을 주식에만 매달려야 합니다. 만약 각오를 다졌다면 전문가의 길을 선택하십시오. 오랜 기간을 버텨낼 자신이 없다면 일명 '개미군단'이라 불리는 소액주주들 사이에 끼어 리스크가 적고 지극히 안정적인 분산투자로 소규모 이익을 올리는 것이 낫습니다.

 **인세**(저작권)

 저작권이란 인간의 사상 혹은 감정을 표현한 창작물인 저작물에 대한 배타적, 독점적 권리를 말합니다. 저작권이 있는 전통적인 저작물에는 소설 · 시 같은 문학작품을 포함한 어문저작물, 음악 · 공연 등의 음악저작물, 조각 · 공예를 비롯한 미술저작물이 있습니다.

 오늘날에는 시대의 변화와 함께 저작물의 종류가 대폭 늘어났으며 대표적으로 컴퓨터 프로그램, 캐릭터 등 창작성이 있는 사회 경제 전반의 독자적인 제작물이 저작권을 인정받고 있습니다.

 저작권의 목적은 창작자의 권리 보호와 문화 발전에 있으며 이것은 저작인격권과 저작재산권으로 나뉩니다. 우리가 민감하게 관심을 기울이는 분야는 바로 저작재산권입니다. **저작재산권을 통해 권리소득을 창출할 수 있기 때문입니다.**

 창작물을 만들면 창작자는 그것이 자신의 것임을 증명하고 권리를 행사하기 위해 저작물을 등록함으로써 법과 협회를 통해 권리를 보호받습니다. 통상적으로 권리는 창작한 순간부터 자동적으로 발생하며 저작자 사망 후 70년까지 보호를 받습니다.

저작권을 인정받으면 오직 저작자만 그것을 사용할 수 있으며 타인이 저작물을 사용하고자 할 경우에는 금전적인 대가를 지불해야 합니다. 저작자의 허락 없이 저작물을 도용하는 것은 법으로 금지되어 있고 불법으로 사용했다는 사실이 밝혀지면 인적·물적 배상을 감수해야 합니다.

저작권은 어떻게 획득하는 것일까요? 또 저작권에는 어떤 특징이 있고 어떻게 권리소득이 되는 걸까요?

저작권 등록은 '한국저작권위원회'에서 수행하며 등록을 하면 추정력, 대항력, 법정손해배상청구 가능, 침해물품 통관 보류 신고 자격 취득 등 권리자로서 유리한 위치에 설 수 있습니다. 소설이나 시를 책으로 발간할 경우 저작권 등록으로 저작인격권과 저작재산권이 생기며 이로써 저작자는 법적으로 권리를 보호받습니다. 특히 경제적 이익에 대한 권리를 안정적으로 보호받습니다.

책이 한 권 팔려 나갈 때마다 저작자는 출판사로부터 인세를 받습니다. 대략 책 가격의 5~10퍼센트의 인세를 받는 것입니다. 가령 1만 원짜리 책이 한 권 팔리면 저작자는 500~1,000원을 인세로 받습니다. 인세는 저작자의 권리소득으로 이를 통해 안정적으로 증가하는 소득을 누릴 수 있습니다.

저작권 등록으로 책은 저작자의 중요한 수익원이 됩니다. 그 수익 규모는 출판 이후 중요한 변수를 만납니다. 세상에 나온 저작물이 사람들에게 얼마나 호응을 받는지에 따라 수익 규모가 달라지는 것입니다.

똑같은 조건으로 출발해도 판매부수와 수익은 유행, 인기, 사회적 트렌드에 따라 달라집니다. 저작물의 우수성은 **탁월한 저작자의 능력, 출판사의 자본력 그리고 사람들의 호응**이라는 삼박자가 조화를 이루면서 판가름이 납니다. 잘나가는 저작물은 베스트셀러로 불리며 많은 사람의 사랑을 받습니다.

고인이 된 로큰롤의 황제 엘비스 프레슬리의 자녀들은 아버지가 남기고 간 노래의 저작권을 통해 권리소득을 받으며 경제적 여유를 누리고 있습니다. 한국의 한 유명 작곡가는 한 해 저작권료로만 몇 십억 이상을 벌며 권리소득의 최고 혜택을 받고 있습니다.

하나만 제대로 터지면 인생이 바뀌고 상속까지 가능한 저작권! 재산이나 배경과 상관없이 능력만으로도 권리소득을 얻을 수 있는 저작권! 그런데 이것도 현실적으로 주식처럼 꾸준한 집중력과 인내하는 세월이 필요합니다.

로열티

로열티란 다른 사람의 특허권, 상표권 같은 공업 소유권이나 저작권 등을 사용하고 지불하는 값을 말합니다. 용어사전에서는 '사용료', '상표 사용료'로 정의하고 있습니다. 앞에서 말한 저작권을 사용할 때 지불하는 인세도 로열티 개념에 들어가지만 이 책에서는 다른 관점에서 살펴보도록 하겠습니다.

여기서 설명하고자 하는 로열티는 프랜차이즈 로열티입니다. 미국의 맥도널드가 시작한 프랜차이즈는 한국에서도 이미 익숙한 유통방식입니다. **이 방식에서 프랜차이즈 본사는 상표와 판매 시스템 등을 특허로 묶은 다음, 대리점과 가맹계약하고 대리점에 자신의 특허를 제공합니다.** 그 대가로 대리점은 한 달 매출의 일정 부분을 매달 로열티로 지급합니다. 프랜차이즈 본사의 입장에서는 이때 발생하는 로열티가 권리소득입니다.

2000년대 초반만 해도 프랜차이즈는 **기업의 주도** 아래 만들어졌습니다. 그러다가 시간이 흐르면서 점차 프랜차이즈 사업에 뛰어든 개인이 괄목할 만한 성과를 내기 시작했습니다. 과거에 햄버거나 아이스크림 등 일부 업종에 집중되어 있던 프랜차이즈는 이제 음식점, 미용실, 치킨집은 물론 영세한 분식집으로까지 확대되었습니다. 그 과정에서 사업적 능력이 있는 다수는 매장을 운영하는 사장이 아닌 사업가로 변신했습니다.

많은 사람이 프랜차이즈 유통에 열광할 즈음, 또 하나의 개인형 프랜차이즈가 세상에 등장했습니다. 이것은 새로운 유통방식이지만 수익구조가 프랜차이즈와 비슷한 까닭에 일명 '개인형 프랜차이즈'라고 불립니다. 그것은 바로 **네트워크 마케팅**입니다.

네트워크 마케팅은 기존의 프랜차이즈와 유통구조가 비슷합니다.

우선 기존의 프랜차이즈 본사가 대리점을 분양하듯 네트워크 마케팅도 유통 대리점을 분양합니다. 또한 기존의 프랜차이즈 본사가 대리점으로부터 로열티를 받듯 네트워크 마케팅도 매출의 일정 부분을 로열티 명목으로 받습니다. 이것의 정확한 명칭은 후원수당입니다.

차이점은 단 두 가지뿐입니다. 하나는 기존의 프랜차이즈는 본사가 하나인데 반해 **네트워크 마케팅은 본사가 여러 개인**일 수도 있습니다. 다른 하나는 기존의 프랜차이즈는 본사가 제품개발, 시장개척, 세무, 회계, 판매까지 모두 관여하지만 네트워크 마케팅은 다릅니다. 즉, **네트워크 마케팅에서 회사는 제품개발, 시장개척, 세무, 회계 같은 제품 생산 과정을 비롯한 택배 과정에 관여하고 제품 유통은 개인에게 위임합니다.**

그러므로 네트워크 마케팅에서는 유통에 관여한 사람은 누구나 로열티, 즉 후원수당을 받습니다. 후원수당은 분양한 대리점이 잘 유지될수록, 매출이 늘어날수록 규모가 커집니다. 만약 안정적인 대리점이 지속적으로 늘어나면 개인이 상상할 수 없는 엄청난 규모의 수익을 올릴 수 있습니다. 이것이 바로 권리소득입니다.

네트워크 마케팅에는 시스템이 있기 때문에 권리소득을 올리

는 것이 가능합니다. 이것은 프랜차이즈 회사가 상표와 판매방식을 시스템화하고 그 시스템을 대리점에 공급한 뒤 로열티를 받는 것과 같습니다.

네트워크 마케팅의 시스템은 네트워크 마케팅 회사와 유통을 담당하는 대리점인 개인이 공유합니다. 여기서 네트워크 마케팅 회사는 제품개발, 시장개척, 택배, 회원관리를 시스템으로 만들어 개인에게 제공합니다. 그리고 개인은 회사에서 제공받은 시스템에 유통 노하우, 인간관계, 사업가 마인드 등을 더해 새로 합류하는 개인에게 전수합니다. 이를 통해 유통이 잘 이뤄지면 네트워크 마케팅 회사와 개인은 각자의 역할에 맞게 수익을 나눠 갖습니다. **회사는 제품원가와 일정한 마진을, 개인은 후원에 대한 대가로 후원수당을 얻는 것입니다.**

요즘에는 탁월한 능력으로 여러 개의 프랜차이즈를 만들어 엄청난 로열티를 얻는 개인도 있습니다. 많은 사람이 그를 부러워하며 자신도 그런 기회를 잡을 수 있기를 원합니다. 그렇다면 그런 수익을 올리는 사람은 얼마나 많은 노력과 시행착오를 겪을까요? 아마 책 한 권은 나올 만한 사연과 고된 과정이 있을 것입니다.

그런 능력 없이 또 그러한 시행착오를 겪을 필요도 없이 그와 똑같은 권리소득을 올리게 해주는　것이 바로 네트워크 마케팅 비즈니스입니다. 이처럼 좋은 기회라면 네트워크 마케팅에 한 번쯤 관심을 기울여볼 필요가 있지 않을까요? 네트워크 마케팅 비즈니스에 대해서는 마지막 장에서 보다 자세히 살펴보겠습니다.

Chapter 4

시대 흐름과
권리소득의 변화

아무리 세상이 변해도 변치 않는 인간의 욕구가 있습니다. 그것은 바로 돈에 대한 욕구입니다. 흔히 돈은 많으면 많을수록 좋다고 합니다. 돈이 있으면 못할 것이 없다고 생각하기 때문입니다. 이런 생각을 정답으로 여기는 풍토 속에서 물질만능주의가 생겨났고, 이는 사람들의 욕망을 더욱더 부추기고 있습니다. 돈에 대한 욕구는 어떻게 시작되었고 또한 왜 그토록 강력하게 유지되어온 것일까요?

어떻게 하면 돈을 많이 벌 수 있을까

화폐가 출현하기 전 인류는 각자 갖고 있는 것을 다른 물건과 맞바꾸는 물물교환을 하며 살았는데, 이때 사람들의 욕구는 아주 단순했습니다. 유명한 매슬로의 5단계 욕구설에 따르면 당시 사람들에게는 가장 아래 단계에 있는 생리적 욕구와 그다음 단계인 안전 욕구만 있었습니다.

인간은 살아 있는 생물로서 먹고 마시는 생리적 욕구와 위협적인 환경 혹은 강한 동물로부터 자신을 보호하려는 안전 욕구를 중요시했습니다. 이 욕구를 해결하기 위해 원시 인간은 스스로 자급자족하던 단계에서 물건을 맞바꾸는 물물교환 단계로 발전해 나갔습니다.

물물교환은 낮은 차원의 욕구를 충족시켜주었고 그 욕구를 충족시키자 사람들에게 더 높은 차원의 욕구가 나타났습니다. 사람들이 공통적으로 이런 생각을 하게 된 것입니다.

'저 물건을 갖고 싶은데 보다 쉽고 편리하게 가질 방법은 없을까?'

매슬로가 말했듯 기본적인 욕구를 충족시킨 인간은 점차 고차원적인 욕구를 드러내기 시작했습니다. 물물교환을 하다 보니 물건을 서로 맞바꿀 때 상대방과 욕구가 달라 교환이 이뤄지기가 쉽지 않았고, 설령 교환을 하더라도 한쪽이 손해를 보는 상황도 생겼기 때문입니다. 아예 교환할 수 없는 상황도 발생했습니다.

그런 불편함을 감수하는 가운데 자신이 갖고 있지 않은 물건에 대한 소유욕은 갈수록 커져만 갔습니다. 그러다가 **화폐 출현**이라는 일대 혁신이 일어났지요. 동양에서는 기원전 7세기 무렵 요즘처럼 국가에서 만들어 관리하는 화폐가 탄생했습니다.

화폐는 사람들의 욕구를 완벽하게 해결해주었고 편리함과 윤택함까지 선물했습니다. 돈으로 물건의 가치를 매기면서 사람들은 언제 어디서나 형평성에 맞게 원하는 것을 구입할 수 있었습니다. 하지만 화폐, 즉 돈은 양날의 칼이었습니다.

돈은 사람들의 욕구를 충족시키는 것은 물론 편리함, 윤택함을 안겨주는 동시에 소유욕을 자극하고 돈만 있으면 뭐든 할 수 있다는 물질만능주의도 낳았습니다. 오늘날 돈은 인간의 삶에서 모든 문제를 해결해주는 해결사 노릇을 하고 있습니다. 반면 그 돈은 인간의 욕구와 만나 욕망의 불씨로도 작용하고 있습니다. '유전무죄, 무전유죄'라는 말은 돈에 대한 잘못된 생각을 여실히 보여줍니다.

화폐가 등장한 이후 세상은 수천 번, 수만 번 바뀌었지만 돈은 시대에 따라 가치만 변했을 뿐 여전히 욕망의 대상으로 남아있습니다. 특히 물물교환 시대를 넘어 화폐 시대가 열리면서 인간의 모든 욕구는 돈으로 귀결되었습니다. 생리적 욕구, 안전에 대한 욕구, 사회적 욕구 등 돈만 있으면 모든 욕구를 해결할 수 있게 된 것입니다. 그래서 사람들은 항상 이렇게 생각했고 그 생각은 지금도 변함이 없습니다.

'어떻게 하면 돈을 많이 벌 수 있을까?'

당신도 매일 이런 생각을 하고 있지 않습니까?

권리소득은 이러한 고민을 단박에 해결해줍니다. **안정적이고 꾸준히 발생하는 권리소득은 시대가 변해도 변함이 없는 생리적 욕구, 안전에 대한 욕구 그리고 모든 사회적 욕구를 완벽하게 해결해줍니다.** 그럼 시대의 변화에 따른 권리소득에는 어떤 것이 있을까요? 또 요즘 대두되는 권리소득에는 어떤 것이 있을까요?

권리소득은 지속적인 돈을 벌어주는 시스템을 통해 만들어집니다. 돈이 모이면 자산이 형성되고 그 자산은 권리소득을 올리는 시스템으로 변형할 수 있습니다. 가령 돈을 모아 땅이라는 자산을 매입하면 그 땅을 활용해 권리소득을 지속적으로 올릴 수 있지요.

시대 흐름에 따른 권리소득

1) 농업 시대와 공업 시대

인류가 본격적으로 경제활동을 시작한 농경 시대로 거슬러 올라가보면 당시 **시스템은 '땅'**이었음을 알 수 있습니다. 땅은 농사를 지어 생계를 유지하는 중요한 토대로 많은 사람이 돈을 모아 땅을 사기 시작했습니다. 지주는 많은 땅을 소유한 사람으로 그들은 땅에서 쌀을 대량으로 생산했습니다.

과거에 쌀은 돈과 같은 가치를 지니고 있었습니다. 그래서 쌀을 많이 생산할수록 풍족하게 살 수 있었습니다. 소유한 땅이 많은 지주는 직접 농사를 짓기보다 소작농에게 땅을 빌려주고 그

대가로 소작농이 수확한 쌀 중에서 일부를 받았습니다. 이렇게 **지주는 자신이 직접 농사를 짓지 않아도 땅을 통해 지속적인 권리소득을 창출할 수 있었습니다.**

땅(토지) = 시스템 = 권리소득

농업 시대가 가고 공업 시대가 오자 공장이 출현했습니다. 증기기관 발달은 소량 생산하는 가내수공업의 한계에서 탈피해 대량 생산을 통한 물질적 풍요를 누리도록 해주었습니다. 그러자 땅에서 수확한 쌀로 돈을 벌던 소작농들이 보다 쉽게 많은 돈을 벌기 위해 공장으로 몰려갔습니다.

선진 문물에 빨리 눈을 뜬 능력 있는 사람들은 공장을 지어 제품을 생산했고 이들은 농사를 짓던 사람들을 노동자로 고용했습니다. 공장을 운영하는 사람을 공장장 또는 사장이라 불렀는데, 이들은 기계와 노동력을 이용해 돈을 벌었고 노동자들은 노동력을 제공함으로써 돈을 벌었습니다. 특히 **사장은 자신이 직접 일하지 않아도 제품을 생산 및 판매하는 노동자들을 고용해 지속적인 권리소득을 올릴 수 있었습니다.**

공장 = 시스템 = 권리소득

2) 산업화 시대

농업 시대와 공업 시대에는 땅과 공장이 권리소득을 안겨주는 시스템이었습니다. 즉, 권리소득을 얻게 해주는 유형 자산이었습니다. 그런데 기술과 과학의 발달로 공업 시대가 막을 내리고 산업화 시대가 열리자 돈 버는 시스템도 바뀌었습니다.

과거의 유형 자산인 땅과 공장을 바탕으로 무형 자산인 서비스가 더 큰 권리소득을 만들어내기 시작한 것입니다. 다시 말해 제품을 제조하는 공장과 그 유통까지 아우르는 회사, 즉 1인이 아닌 여러 사람이 주인인 주식회사가 탄생했습니다.

주식을 통해 사업자금을 만든 주식회사는 다양한 유통과 서비스를 시작했습니다. 이때부터 권리소득 창출에서 땅이나 돈보다 능력이 더 중요해졌습니다. 그러자 소규모 가게를 운영하는 사람들 중에서 '열심히'가 아니라 '현명하게' 일하는 이들이 등장했습니다.

지금은 고인이 된 대기업 1세대 CEO들이 여기에 해당하는

데, 이들은 산업화 시대에 큰돈을 버는 방법을 찾아냈습니다. 그것은 유통과 서비스를 체계적으로 수행하는 회사를 설립해 확장하는 것입니다. 아마 그들은 당시에 자신이 하는 일이 부자가 되는 시스템을 만드는 것인 줄 몰랐을 겁니다. 단순히 부자가 되기 위해 효과적인 방법을 찾고 집중한 것뿐이지요.

돌이켜보면 그들은 **기업이란 권리소득을 창출하는 시스템**을 만든 것입니다. 이것은 그들이 직접 일하지 않아도 직원들의 시간을 활용해 지속적인 소득을 올리는 시스템입니다. 더 기막힌 일은 그들의 후손이 지금도 똑같은 시스템에서 보다 큰 권리소득을 올리고 있다는 사실입니다.

기업 = 시스템 = 권리소득

3) 정보화 시대

산업화 시대에 이어 정보화 시대가 열리자 돈 버는 수단으로써 정보가 매우 중요해졌습니다. 산업화 시대를 발판으로 삼은 정보화 시대에는 지역별 발전이 극대화되었고 경제가 고도로 성장했습니다. 1970년대 이후 한국에 개발 붐이 일면서 토지는 농사나 공장을 짓던 본연의 역할을 뛰어넘어 사고팔면서 시세차익을 얻는 도구가 되었습니다. 한마디로 부동산은 황금알을 낳는 거위였습니다.

'○○지역 알지? 이번에 나라에서 대대적으로 그곳을 개발하려 하니까 사놓으면 돈이 될 거야'

이런 정보를 빠르게 받아들인 사람은 큰돈을 벌었습니다.

정보화 시대의 또 다른 특징은 정보의 다양화입니다. 20세기 초 인터넷의 출현은 많은 정보를 양산했고 우리는 그야말로 정보의 홍수 속에서 허우적댔습니다. 이를 계기로 유통에 일대 혁신이 일어나면서 새로운 산업들이 출현했습니다. **자본이 없어도 고급 정보만 있으면 누구나 돈을 벌고 나아가 권리소득도 획득할 기회**를 얻게 된 것입니다.

정보 = 시스템 = 권리소득

4) 프랜차이즈와 네트워크 마케팅

정보화 시대에 등장한 프랜차이즈와 네트워크 마케팅은 유비쿼터스 시대가 시작되면서 황금기를 맞이했습니다. 요즘처럼 프랜차이즈 사업이 호황을 누린 시기는 없었습니다. 맥도널드에서 처음 시작한 프랜차이즈 유통은 1950년대에 합법 판결을 받으면서 급성장했고 지금은 대표적인 유통방식으로 자리를 잡았습니다. 한국에서도 2000년 초를 기점으로 프랜차이즈 회사가 하나둘 생겨났는데 지금은 수많은 업체가 성업 중입니다.

프랜차이즈 유통은 정보의 고급화를 주도했습니다. 내가 아닌 다른 사람의 노동력을 통해 권리소득을 번다는 단순한 정보를 바탕으로 **'노동력 없이도 돈 버는 시스템을 만들면 권리소득을 벌 수 있다'**는 생각의 전환이 일어난 것입니다.

예를 들어 맥도널드를 살펴보면 권리소득이 어떻게 만들어지는지 쉽게 이해할 수 있을 겁니다. 맥도널드는 세계적으로 유명한 햄버거를 파는 패스트푸드 회사입니다. 이 회사는 햄버거를 맛있게 만드는 방법부터 매장을 운영하는 방법, 손님을 응대하는 방법 그리고 판매와 배달까지 모든 것을 시스템화했습니다.

이 시스템을 활용하면 누구나 햄버거를 만들어 판매하고 돈을 벌 수 있습니다. 만약 누군가가 맥도널드 대리점을 오픈하고 싶다면 돈을 주고 가맹점권을 구입한 다음 회사가 주관하는 햄버거 대학에 들어가 시스템을 배우면 됩니다. 여기서 **시스템이란 돈 버는 방법을 말하며, 가맹점권을 구입하는 것도 돈을 내고 돈 버는 방법을 사는 셈입니다.**

전 세계 어디에든 가맹점이 생길 때마다 맥도널드는 매달 로열티를 받습니다. 가맹점주는 매달 맥도널드 시스템을 통해 돈을 벌고 그 대가로 본사에 로열티를 지급합니다. **이처럼 맥도널드 본사는 돈 버는 시스템을 바탕으로 로열티라는 권리소득을 얻습니다.**

맥도널드가 시작한 프랜차이즈 유통은 성공적인 모델로 자리 잡았고 이를 벤치마킹한 많은 기업과 사람들이 너도나도 프랜차이즈 유통을 시작했습니다. 덕분에 유통은 더욱 다양화되었습니다.

프랜차이즈 유통이 유통의 다양화를 주도했다면 네트워크 마케팅은 유통구조의 단순화를 주도했다고 볼 수 있습니다. 네트워크 마케팅은 기존의 여러 유통단계를 없애고 생산자와 소비자를 직접 연결함으로써 중간 마진, 유통비를 절약하며 그 비용을 생산자와 소비자가 나눠 갖는 방식입니다.

프랜차이즈 유통과 네트워크 마케팅은 구조적인 차이점은 있지만 둘 다 정보를 시스템화해서 권리소득을 창출한다는 공통점이 있습니다.

Chapter 5

권리소득을 창출하는
일반적인 **방법**

권리소득을 창출하는 일반적인 방법에는 어떤 것이 있을까요? 사람들
은 권리소득을 올리기 위해 어떤 노력을 기울이고 있을까요?

 **주식투자**

권리소득을 원하는 사람들이 가장 많이 선택하는 것은 주식투자입니다. 그 이유는 투자할 돈만 있으면 적은 금액으로도 언제 어디서나 할 수 있기 때문입니다. 많은 사람이 처음에는 지인의 권유로 주식투자를 시작합니다. 즉, 주식투자로 돈을 좀 벌어본 지인의 추천으로 시작하는 것입니다.

지인이 골라주는 한두 개의 주식이 올라 소액이라도 돈을 벌면 그때부터 자신감을 얻습니다. 이후 적극적인 관심을 기울이고 틈틈이 공부를 하거나 주식 스터디 모임에 참석합니다. 이렇게 지식이 쌓이고 경험이 늘어나면서 돈을 잃기도 하고 벌기도 합니다.

그러던 중 운 좋게 돈을 버는 횟수가 늘어나면 무모한 용기를 냅니다. 혹자는 주식투자를 합법적인 도박이라고 말하기도 하는데, 이는 더 큰돈을 벌려고 무리하게 투자하기 때문입니다. 실제로 과욕을 부리다 패가망신하는 사람이 의외로 많습니다.

전문가들은 주식투자에는 정확한 분석과 신중함이 필요하며 자본이 많아야 유리하다고 말합니다. 또한 주식시장은 정보력과 거대자본, 경제상황의 영향을 크게 받으므로 정보력과 자본력이 약한 일반인은 투자에 신중을 기하고 분산투자를 하는 것이 안전하다고 조언합니다.

그런데 주식투자에서 전문성이 떨어지는 일반인은 보통 장기적인 안목보다 메뚜기처럼 움직이면서 단기간에 수익성을 내려고 합니다. 주식을 통해 안정적인 권리소득을 얻으려면 주식 매도와 매수에 따른 시세차익이 아니라 시간이 흐를수록 늘어나는 **주식의 가치에 집중**해야 합니다. 주식을 통한 진정한 권리소득에서 큰 부분을 차지하는 것은 매년 발생하는 **주식배당금**이기 때문입니다.

많은 사람이 주식을 단번에 일확천금을 벌 수 있는 도깨비 방망이로 여기지만, 실제로는 지속적인 시간 투자와 꾸준한 노력 없이는 수익을 내는 것이 불가능합니다. 다시 말해 주식투자는 투잡이나 사이드잡으로 가능한 일이 아닙니다.

주식투자도 일반 직업처럼 하루 종일 주식에 집중하고 정보를 모으는 노력이 필요합니다. 전문투자자, 투자회사가 존재하는 이유가 여기에 있습니다. 그러한 전문가조차 주식을 통해 돈을 벌고 권리소득을 창출하는 것이 쉽지 않은 일이라고 말합니다.

일반인이 주식투자로 안정적인 권리소득을 올리고자 한다면 전망이 밝은 회사의 주식을 선택해 여윳돈이 생길 때마다 주식 보유량을 늘려가는 것이 좋습니다. 그것이 쌓이면 주식배당금이 늘어나고 매년 안정적인 권리소득을 올릴 수 있습니다.

주변에서 누군가가 주식으로 부자가 되었다는 말을 듣고 막연히 '한번 투자해볼까' 하는 심리로 투자를 하면 시간과 돈만 낭비할 뿐입니다. 주식투자로 권리소득을 올리려면 집중과 학습으로 주식의 프로가 되어야 합니다.

 부동산 투자

주식투자만큼 많은 사람에게 널리 알려진 것이 부동산 투자로 권리소득을 창출하는 방법입니다. **부동산임대업은 한국의 경제성장기에 한창 인기를 끈 방법으로 토지나 건물을 임대해주고 매달 임대료를 받는 형태입니다.**

21세기 초까지는 인구가 계속 증가하고 지역개발이 활발해 자본이 없어도 머리만 잘 굴리면 아파트 분양이나 투자로 일반인도 짭짤한 소득을 올렸습니다. 매년 경제가 성장하면서 다양한 업종과 일터가 늘어나자 건물 수요가 활발해져 건물 소유자가 호황을 누린 것입니다.

아직도 많은 사람이 안정적인 소득을 쉽게 버는 방법으로 부동산 투자를 손꼽습니다. 여전히 많은 사람이 부동산임대업을 선망하는 것입니다. **건물 임대료는 은퇴 후에도 안정적으로 소득을 올릴 수 있는 권리소득으로 평범한 사람에게는 돈만 있으면 가장 쉽게 접근할 수 있는 방법입니다.**

그런데 요즘 부동산 소유자의 실상은 그리 녹록치 않습니다. 하우스 푸어가 그 대표적인 경우입니다. 많은 사람이 시세차익을 목적으로 아파트를 분양받았다가 시세가 하락하거나 수요자가 없어서 울며 겨자 먹기로 대출금을 갚는 데 매달 목돈을 지출하고 있습니다.

한때 잘나가던 강남에서도 경기불황으로 여기저기 건물에 공실률이 높아지고 있고, 임대료를 낮추거나 임차인에게 임대료를 떼이는 건물주도 늘어나고 있습니다.

장사의 기본은 목이 좋은 자리를 잡는 것이라고 합니다. 이

말은 부동산이 목이 좋은 곳에 위치해야 한다는 의미입니다. 위치가 좋은 건물은 분양이 잘 이뤄지고 임대료도 높게 받을 수 있습니다. 따라서 부동산임대도 주식투자처럼 자본력이 중요합니다. 건물을 지을 때는 물론 완공해서 분양한 후에도 자본력은 중요합니다.

혹자는 건물을 분양한 뒤에는 다달이 임대료만 챙기면 그만이라고 단순하게 생각하지만 이는 커다란 오산입니다. 건물은 시간이 흐르면서 자동차와 마찬가지로 유지 · 보수가 필요한데 그 금액이 만만치 않습니다. 또한 요즘처럼 수요가 부족할 경우에는 주변 신축 건물과의 경쟁에서 밀리지 않기 위해 반드시 재투자가 필요합니다. 경쟁에서 밀린 건물은 공실률이 높아질 수밖에 없습니다.

열심히 돈을 벌어 건물을 구매한 뒤 매달 월세로 편히 살 수 있는 시대는 지나갔습니다. 돈과 부동산의 가치가 높던 과거에는 부동산임대가 누구에게나 안정적인 생활과 노후를 보장해주었지만, 경제성장이 둔화되고 경기불황이 장기화하면서 건물 수요는 줄어들었습니다. 여기에다 매년 공급량이 늘어나면서 오히려 부동산은 애물단지로 전락하고 있습니다.

IMF 금융위기를 거치면서 한국은 사회적, 경제적 구조가 완전히 바뀌었습니다. 어찌 보면 부동산도 급격한 변화와 함께 흘러가는 하나의 사회적 트렌드였을지도 모릅니다. **전문가들은 이미 부동산으로 돈을 버는 시대는 지나갔다고 말합니다.** 부동산으로 큰돈을 벌거나 안정적인 권리소득을 창출하는 것은 앞으로 더 어려워질 전망입니다.

이미 매장이 필요 없는 TV 홈쇼핑과 인터넷 쇼핑의 발달로 시장구조가 변화하면서 기존의 오프라인 매장이 큰 타격을 받고 있습니다. 통계치를 보면 매장 숫자가 현저하게 줄어들고 있음을 알 수 있습니다. 그뿐 아니라 점포 없이 재택근무가 가능한 소비자 직접판매(네트워크 마케팅) 같은 신유통 사업이 등장하면서 갈수록 건물 수요가 줄어들고 있습니다.

그렇다고 부동산 가격이 내려가고 있는 것은 아닙니다. 목 좋고 인구가 많은 지역에서는 여전히 부동산 가격이 상승하고 있거나 최소한 제자리를 유지하고 있습니다. 여하튼 부동산 투자를 통한 권리소득 창출은 일반인에게 그리 쉽지 않은 도전입니다.

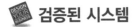 **검증된 시스템**

검증된 시스템을 사는 것은 곧 프랜차이즈를 분양받는 것을 말합니다. **즉, 세계적으로 유명한 맥도널드나 스타벅스 혹은 국내에서 잘나가는 프랜차이즈 회사의 가맹점을 소유하는 것입니다.** 모든 것이 시스템으로 이뤄진 프랜차이즈는 일반인도 쉽게 운영할 수 있고 안정적인 소득 창출이 가능하다고 알려져 있습니다. 그래서 많은 사람이 프랜차이즈 가맹점을 사이드잡으로 또는 은퇴 후 노후를 위한 대안으로 여기고 있습니다.

여기서 중요한 점은 프랜차이즈로 진정한 권리소득을 올리는 사람은 보통 여러 개의 매장을 동시에 운영한다는 사실입니다. 그들은 경영전문가를 고용해 각 매장에 배치하고 그들을 통해 돈을 법니다. 유통 구조상 이 역할은 대개 프랜차이즈 본사가 맡아 로열티 수익을 올리지만, 현명한 가맹점주는 본사와 같은 영업구조를 만들어 소득을 올립니다. 물론 이런 일이 가능하려면 주식투자나 부동산 투자처럼 커다란 자본이 필요합니다.

자본이 부족한 많은 가맹점주는 매장 하나를 오픈하는 데 만족하고 그 안에서 자신이 주인이자 직원이 되어 열심히 일합니다. 많은 가맹점주가 멋진 시스템을 손에 쥐었음에도 불구하고 그것을 제대로 활용하지 못한 채 그저 프랜차이즈 본사의 배만 불려주고 있는 것입니다.

이런 상황에서 어떤 사람은 프랜차이즈 성공신화를 직접 만들어보려 노력합니다. 그렇지만 현실적으로 그 도전에서 성공하는 사람은 극히 소수에 불과합니다. 왜냐하면 앞서 말한 권리소득을 올리는 사람들의 특징을 모두 갖추고 있어야 가능하기 때문입니다.

시스템을 기반으로 권리소득을 올리는 가장 안전한 방법은 세계적으로 수익성을 검증받은 시스템을 가능한 한 많이 매입하는 것입니다. 하지만 이것은 일반인에게 한계가 뚜렷한 방법입니다. 여기에다 연일 보도되는 프랜차이즈 본사의 횡포, 세계적으로 유명한 프랜차이즈 매장도 문을 닫는 현실 등으로 인해 사람들은 프랜차이즈 사업에 대해 회의적인 시선을 보내고 있습니다.

지금까지 살펴본 그대로 주식투자, 부동산임대, 프랜차이즈 분양은 일반인이 그나마 권리소득을 올리기가 쉽다고 생각하는 방법입니다. 실제로 많은 사람이 권리소득을 창출하기 위해 이런 방법에 접근하고 있습니다.

그렇다면 주변을 둘러보십시오. 얼마나 많은 사람이 이들 방법으로 권리소득을 올리고 있습니까? 아마도 느긋하게 권리소득을 올리는 사람보다 그렇지 못한 사람이 훨씬 더 많을 것입니다. **그 이유는 권리소득의 필요조건 중 자본이나 능력이 부족하기 때문입니다.**

그럼 자본과 능력이 부족하면 영영 권리소득을 받을 수 없는 것일까요? 과거에는 그랬지만 이제는 시대가 변했습니다. 지금은 그렇지 않을 수도 있다는 것을 다음 장에서 보여드리겠습니다.

Chapter 6

일반인의 **판단 오류**와
그들을 위한 **권리소득**

지금도 많은 사람이 부동산이나 주식, 프랜차이즈 유통으로 권리소득을 올리기 위해
노력합니다. 앞서 말했듯 이것은 자본이 많거나 능력이 뛰어나야 가능한 일인데도
'나는 되겠지' 하는 마음으로 너도나도 무분별하게 도전을 멈추지 않고 있습니다.
이런 일이 계속해서 발생하는 이유는 사람들의 몇 가지 판단 오류 때문입니다. 그 내
용을 한번 살펴봅시다.

과거를 기준으로 현재와 미래를 결정한다

판단의 기준을 과거의 경험에 두면 빠르게 변화하는 오늘날의 관점을 반영해 결론을 내리기가 어렵습니다. 알다시피 21세기 들어 우리의 현실세계와 가상세계의 패러다임은 정신없이 빠르게 변화하고 있습니다.

사회적, 경제적 환경이 변화하는 것은 물론 돈 버는 방법, 권리소득을 올리는 방법 모두가 변했고 또 변화하고 있습니다. 그럼에도 불구하고 여전히 많은 사람이 기존의 방법을 고수하고 있습니다. 물론 변화를 받아들이는 것은 고통스럽고 과거의 방법은 편안해 보입니다. 익숙한 것에 기대고 싶어 하는 것은 인간의 본능입니다.

그렇지만 과거의 잣대에 머물러 있으면 남는 것은 퇴보와 후회뿐입니다. 가령 전문가들은 이미 부동산 투자로 돈을 버는 시대는 지났다고 조언합니다. 그러나 부모세대가 부동산 투자로 돈을 버는 것을 보며 자란 지금의 젊은 세대는 아직도 부동산에 기회가 있다고 생각합니다.

과거는 선택을 위한 판단에 약간의 도움을 줄 뿐입니다. 다시 말해 그것은 결코 정답이 아닙니다. 그런데도 **여전히 과거를 기준으로 현재와 미래를 결정하려 하는 사람이 아주 많습니다.**

눈에 보이는 것만으로 판단한다

지금은 시대의 변화와 함께 토지, 건물 같은 유형 자산보다 주식이나 로열티 등의 무형 자산 가치가 더 높아지고 있습니다. 그렇지만 여전히 많은 사람이 눈에 보이는 유형 자산에 굉장히 집착하고 있습니다. 즉, 눈에 보이는 것만으로 판단하는 것입니다.

오늘날까지도 현금, 부동산 등은 부의 상징으로 여겨지고 있습니다. 그만큼 실물경제의 영향력이 막강하기 때문입니다. 물론 여전히 은행에 직접 가서 입출금 업무를 보고 점포를 찾아가 제품을 구입하는 사람이 많습니다. 이들은 대면 거래를 선호하고 현금이나 부동산처럼 눈으로 보아야 판단을 내립니다.

이제 여기에 빠른 속도로 균열이 일어나고 있습니다. 예를 들어 인터넷 뱅킹을 통한 은행업무가 가능해지면서 모든 거래에서 제왕으로 군림하던 현금의 입지가 점점 좁아지고 있습니다. 또한 인터넷 쇼핑과 TV 홈쇼핑의 등장은 실물시장이 아닌 가상(온라인)시장을 창출했습니다. 유형보다 무형의 가치가 중요한 시대가 된 것입니다. 그 좋은 예가 주식입니다. 주식은 회사의 자본을 구성하는 단위로 회사의 다양한 상황을 반영해 주가가 정해지며 그 가치는 천차만별입니다.

과거에 모든 것을 사람의 노동력에 의지할 때는 제한적인 것이 많았으나 이제는 로봇의 등장으로 사회와 산업 전반에 상상하지 못하던 일들이 일어나고 있습니다. 덕분에 우리는 눈에 보이지 않는 경제효과까지 누리고 있습니다.

인터넷에서는 우리가 지금까지 누려보지 못한 새로운 세상이 펼쳐지고 있고, 최첨단 과학 기술은 세상의 모든 것을 바꿔놓고 있습니다. 전문가들은 기존의 실물경제가 인터넷 가상공간으로 흡수되고, 수많은 직업이 사라지는 한편 고용 없는 성장이 지속될 것이라고 전망합니다.

지금 우리가 보고 듣고 느끼는 것은 시간이 갈수록 한순간의 꿈처럼 지나갈 것입니다. 인간에게 보이지 않는 공기가 중요하듯 드디어 우리 삶에도 보이지 않는 무언가의 가치가 중요한 시대가 온 것입니다.

📱 정보를 불신한다

우리는 정보의 홍수 속에서 살아가면서도 그 정보를 불신합니다.

이탈리아의 경제학자 파레토가 주장한 8 대 2 법칙은 지금도 우리 사회 전반에 적용이 가능한 법칙으로 특히 소득분배의 불평등도에 많이 활용합니다. 파레토의 법칙에 따르면 세상에 존재하는 돈 중 80퍼센트가 20퍼센트의 사람에게 집중되어 있습니다. 더 심각한 것은 이런 양상이 갈수록 심화되고 있다는 점입니다. 정보가 돈이 되는 지금은 돈 버는 정보의 80퍼센트를 20퍼센트의 사람만 공유하고 있습니다.

인터넷 발달로 정보가 넘쳐나는 세상을 살아가는 우리는 매일 홍수처럼 쏟아지는 정보 속에서 좌초될 위기에 빠져 있습니다.

과거에는 '새로운 정보'라고 하면 많은 사람이 귀를 쫑긋 세우고 들었지만 지금은 아예 듣지 않거나 의심부터 합니다. 정보가 너무 많아 믿을 수 있는 정보를 찾기가 힘들고 또 정보 과잉으로 오히려 무덤덤해져 무관심하기 때문입니다.

안타깝게도 80퍼센트의 일반인은 돈이 되는 정보마저 구별하려는 노력을 기울이지 않습니다. 이에 따라 돈이 되는 정보는 갈수록 20퍼센트의 사람들에게 집중되고 있으며 나머지 80퍼센트는 그럭저럭 살아가고 있습니다. 남들이 그럭저럭 살아가니 자신도 그들을 위안 삼아 그럭저럭 살아가는 것입니다.

권리소득을 창출해 평생 안정적이고 행복하게 살고 싶다면 기존의 생각을 멈추고 시야를 넓혀야 합니다. 많은 사람이 아직도 집중하고 있는 현금, 부동산 나아가 주식은 이미 20퍼센트의 사람들이 차지하고 있습니다. 그들은 확고한 기득권층으로 그 자리를 일반인에게 넘겨주는 일은 절대 없을 것입니다. 그러면 80퍼센트의 일반인에게는 희망이 없는 것일까요?

새롭게 떠오르는 신유통 비즈니스

시야를 넓히고 정보에 귀를 기울여 믿을 수 있는 정보를 가려내십시오. 분명 일반인도 쉽게 얻을 수 있는 권리소득이 있습니다. **네트워크 마케팅 비즈니스에서라면 일반인도 충분히 권리소득을 올릴 수 있습니다.**

네트워크 마케팅은 새롭게 떠오르는 신유통 비즈니스로 세계적으로 유명한 경제석학들이 추천하는 비즈니스입니다. 얼마 전까지만 해도 네트워크 마케팅 비즈니스는 과거의 편견에 사로잡힌 사람들에게 불신을 받아 많은 오해를 불러일으켰지만, 업계의 노력과 선진의식 유입으로 점차 새로운 비즈니스 모델로 자리 잡고 있습니다. 실제로 최근 많은 네트워크 마케팅 회사가 등장하고 있으며 비즈니스에 열광하는 사람도 늘어나고 있습니다.

왜 많은 사람이 네트워크 마케팅 비즈니스에 열광적으로 참여하는 것일까요? 그 비밀은 소득의 형태에 있습니다. 네트워크 마케팅 비즈니스는 기존의 20퍼센트 기득권층이 갖고 있는 권리소득을 일반인도 올릴 수 있게 해줍니다.

그런데 안타깝게도 여전히 많은 사람이 네트워크 마케팅 비즈니스를 판매업으로 생각합니다. 그도 그럴 것이 과거에 네트워크 마케팅 비즈니스에 종사한 사람들이 주로 제품을 직접 배달하거나 돌아다니며 판매했기 때문입니다.

사업 시스템은 좋아도 사업방식이 그랬기에 일반인은 아직도 제품을 많이 팔아야 큰돈을 벌 수 있다는 생각에서 벗어나지 못하고 있습니다. 그러나 어떤 네트워크 마케팅 회사도 제품을 많이 팔아야 성공한다고 강조한 적이 없으며 오히려 권리소득으로 성공하는 정확한 방법을 제시하고 있습니다. 다음 장에서는 그 방법을 자세히 살펴보겠습니다.

Chapter7

권리소득과
네트워크 마케팅

안정적이고 유지 및 증가하는 권리소득을 원한다면 네트워크 마케팅
비즈니스에 관심을 기울여보십시오. 지금부터 그 이유를 여러 가지 측
면에서 살펴보겠습니다.

네트워크 마케팅의 사업구조

네트워크 마케팅은 포털 사이트에서 쉽게 찾을 수 있는 하나의 경제용어로 그 정의는 다음과 같습니다.

"네트워크 마케팅은 기존의 중간유통 단계를 배제해 유통마진을 줄이고 관리비, 광고비, 샘플비 등 제비용을 없애 회사가 소비자에게 싼값으로 제품을 직접 공급하며 회사 수익의 일부를 소비자에게 환원하는 시스템입니다. 네트워크 마케팅은 프로 세일즈맨이 아니라 보통 사람이 하는 사업입니다."

쉽게 말해 지금까지 소비만 하던 소비자가 제품력이 뛰어난 소비재를 생산자(네트워크 회사)와 직거래로 사용해보고, 훌륭한 제품력을 구전(입소문)으로 주변 사람들에게 전달하면 그 대가로 네트워크 마케팅 회사로부터 **현금 캐시백**을 받는 **신유통**입니다.

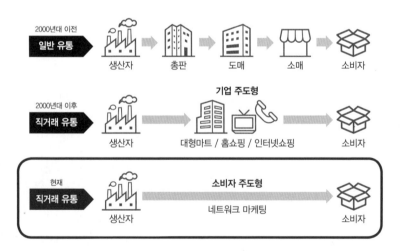

기존의 유통은 생산자와 중간유통업자가 수익을 나눠 갖는 구조였습니다. 그러다가 값은 싸고 효과는 좋은 제품을 바라는 소비자의 욕구에 맞춰 중간유통이 사라지고 지금의 대형마트, TV 홈쇼핑, 인터넷 쇼핑 등의 직거래 유통이 등장했습니다. 문제는 이러한 직거래 방식도 결국에는 생산자가 이익을 모두 가져가는 구조라는 데 있습니다.

그러던 중 네트워크 마케팅 회사가 등장하면서 믿을 수 없는 일이 생겼습니다. 그전 유통에서 소비만 하던 소비자가 소비를 하면서 돈을 벌게 된 것입니다. 네트워크 마케팅은 대형마트, TV 홈쇼핑, 인터넷 쇼핑 같은 직거래 방식이지만 돈 버는 대상에 소비자도 포함됩니다.

우수한 품질과 합리적인 가격에 돈까지 벌게 해주는 네트워크 마케팅은 사람들에게 환영을 받았습니다. 무엇보다 사람들이 기존에 이미 해오던 입소문을 통해 소득이 생긴다는 것과 재구매를 할수록 소득이 늘어난다는 것이 소비자에게 커다란 매력이었습니다.

그러면 보다 쉬운 이해를 돕기 위해 예를 들어 보겠습니다.

소비자 A는 지인 B를 통해 제품을 추천받습니다. 평소에 사용해온 제품이 있었던 소비자 A는 지인 B의 권유로 브랜드를 바꾸기로 결정합니다. 소비자 A는 지인 B가 알려준 대로 네트워크 마케팅 회사에 회원으로 가입하고 제품을 구매합니다. 제품을 써본 소비자 A가 만족스러워하자 권유한 지인 B도 흡족해합니다.

얼마 후 소비자 A의 통장에 현금이 입금되는데 이것은 네트워크 마케팅 회사가 입소문에 대한 대가로 지인 B의 구입 금액 중 일부를 캐시백한 것입니다. 얼마 지나지 않아 신기한 일은 또 일어납니다. 지인 B가 권유한 사람들이 재구매를 하자 네트워크 마케팅 회사는 그에 대한 대가로 지인 B에게 현금 캐시백을 해줍니다.

입소문과 재구매가 많이 발생할수록 소비자의 소득은 늘어납니다. 특히 **재구매가 일어날 경우 시스템상 소비자에게 자동으로 소득이 발생합니다. 이것이 바로 권리소득이며 이것은 일반인도 쉽게 올릴 수 있는 소득입니다.**

네트워크 마케팅의 소득구조

네트워크 마케팅의 소득구조는 두 가지로 나눌 수 있습니다. **하나는 직접 일을 해서 돈을 버는 노동소득이고 다른 하나는 시스템을 구축해 돈을 버는 권리소득입니다.** 따라서 노동소득과 권리소득이 공존하는데 정확히 말하면 **노동소득을 통해 권리소득을 벌 수 있는 소득구조**입니다.

네트워크 마케팅 비즈니스에 입문하면 우선 회원으로 가입한 뒤 할인을 받는 회원가로 자신이 먼저 제품을 사용해봅니다. 그리고 제품을 사용해본 좋은 경험과 효과를 주변 사람들에게 알립니다. 그 입소문을 통해 또 다른 누군가가 회원으로 가입하고 저렴한 회원가로 제품을 구입하게 됩니다. 이 과정을 통해 소비자는 **노동소득**을 경험합니다. 다시 말해 입소문을 내고 그 대가로 소득을 올리는 것입니다.

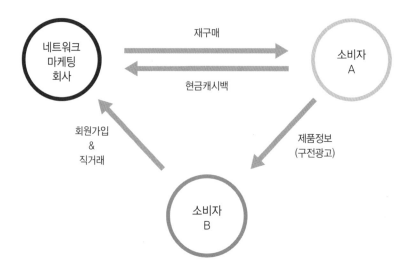

〈그림〉에서 소비자 A는 네트워크 마케팅 회사의 제품을 구입하기 위해 회원으로 가입한 후 직거래로 제품을 구입합니다. 가격이 합리적이고 제품력이 좋은 것을 확인한 소비자 A는 지인인 소비자 B에게 제품 정보를 알려줍니다.

평소에 잘 알고 지내던 소비자 A가 입에 침이 마르도록 제품을 칭찬하니 소비자 B도 사용하던 제품을 네트워크 마케팅 회사 제품으로 바꿔 사용하기로 합니다. 소비자 B는 소비자 A가 알려준 대로 회원으로 가입한 뒤 네트워크 마케팅 회사에서 직접 제품을 구입합니다.

그러면 네트워크 마케팅 회사는 소비자 A에게 소비자 B가 구입한 제품 금액의 일정 비율을 현금으로 지급합니다. 이렇게 소득이 발생한다는 사실을 인지한 소비자 A는 그때부터 더욱 적극적으로 자신의 경험을 주변에 알리고 소득은 계속 늘어납니다.

제품 정보와 소득 기회를 많이 알려 제품을 사용하는 소비자와 비즈니스의 가능성을 알아보는 가망사업자가 많아질수록 소득은 늘어납니다. 여기서 발생하는 소득은 소비자가 직접 움직인 덕분에 발생한 것이므로 노동소득입니다.

이처럼 노동소득이 늘어나는 가운데 새롭게 싹트는 소득이 바로 권리소득입니다. 이것은 일명 '시스템 소득'으로 내가 움직이지 않아도 소득이 지속적으로 발생합니다.

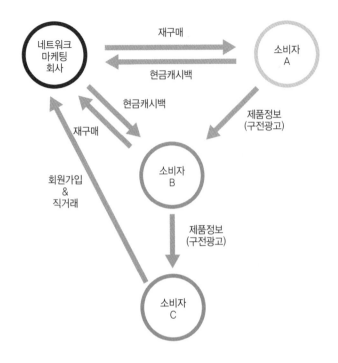

〈그림〉에서 권리소득에 해당하는 내용을 살펴보겠습니다. 소비자 A는 새로운 제품을 사용할 때마다 그 경험과 효과를 소비자 B에게 알려줍니다. 그러자 소비자 B는 제품을 재구매하고 이후에는 스스로 알아서 제품을 구매합니다.

소비자 B가 제품에 만족해하자 소비자 A는 자신처럼 돈을 벌도록 소비자 B에게 사업 기회를 알려줍니다. 그 뒤로 소비자 B도 소비자 A처럼 적극적으로 주변에 제품 정보와 소득 기회를 알립니다. 소비자 A는 소비자 B에게 제품 정보와 소득 기회를 알렸을 뿐이지만 결국 많은 사람이 동참합니다. **여기서 소비자 B가 스스로 재구매하는 것과 소비자 B로부터 시작한 많은 소비자가 사용하는 제품 사용액의 일정비율이 권리소득입니다.**

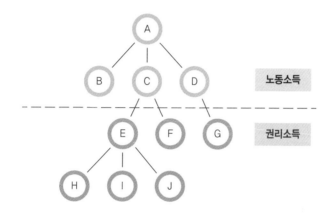

위의 〈그림〉을 이해하면 권리소득이 어떻게 발생하는지 쉽게 알 수 있습니다. 소비자 A는 제품과 소득 기회를 B, C, D에게 이야기합니다. 이처럼 소비자 A는 세 명에게 직접 정보를 주고 제품을 바꿔 사용하도록 도와줍니다. 회원가입 방법, 제품 구입 방법 및 효과, 회원이 누리는 혜택 등을 직접 만나 알려주는 것입니다.

이렇게 해서 소비자 B, C, D가 생기고 네트워크 마케팅 회사는 그들이 소비하는 제품 금액의 일정비율을 소비자 A에게 현금으로 캐시백을 해줍니다. 이것은 앞서 말한 노동소득입니다. 신기한 것은 소비자 B, C, D로부터 소비자 E~J까지의 매출에 대한 영향력을 소비자 A가 갖는다는 점입니다. 소비자 E~J는 소비자 A와 직접적인 연관이 없지만 소비자 A가 소비자 B, C, D에게 제품과 소득 기회를 전달한 것이 계기가 됐으므로 그들로부터 시작한 모든 소비자의 매출에서 일정비율을 소비자 A가 가져갑니다. 물론 이 규칙은 합법적이고 평등한 원리 안에서 적용됩니다. 소비자 B, C, D부터 소비자 E~J까지 그리고 앞으로 생길 많은 소비자는 소비자 A에게 권리소득이 됩니다.

소비자 A가 직접 소비자 B, C, D에게 제품과 소득 기회를 알리면 소비자 B, C, D는 스스로 새로운 소비자를 만드는데 이것은 마치 유통 파이프라인을 하나씩 설치하는 것과 같습니다. 소비자 A로부터 시작된 유통 파이프라인을 다양하고 길게 설치할수록 소비자 A가 받는 권리소득은 무한대로 늘어납니다.

네트워크 마케팅 회사마다 권리소득을 올리는 방법에는 차이가 있는데, 또 다른 방법은 맥도널드 같은 무점포 프랜차이즈 방식입니다.

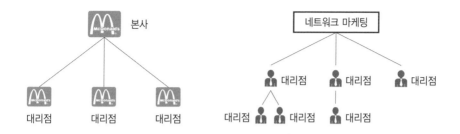

〈그림〉을 보면 맥도널드 본사는 대리점을 분양해 그들에게 햄버거를 만들고 판매하는 기술을 공급합니다. 대리점은 매뉴얼대로 햄버거를 만들어 소비자에게 판매하고 본사는 그 판매액의 일정 부분을 로열티로 가져갑니다. 이것이 **기업형 프랜차이즈**입니다.

네트워크 마케팅 회사에도 이와 비슷한 프랜차이즈 방식이 있는데 이를 개인형 프랜차이즈라고 합니다. 맥도널드 본사에 햄버거 유통권과 대리점 분양권이 있는 것처럼 네트워크 마케팅 회사와 계약한 사람은 누구나 **네트워크 마케팅 제품 유통권과 대리점 분양권**을 갖습니다.

개인형 프랜차이즈인 네트워크 마케팅 비즈니스의 독특한 점은 누구라도 대리점을 분양하는 본사의 권한을 가질 수 있다는 것입니다. **회사가 정한 일정 매출액에 도달하면 회사는 개인에**

게 대리점 자격을 부여하고, 대리점이 된 개인은 그때부터 새로운 대리점을 분양할 수 있는 권리를 얻습니다. 다시 말해 대리점이 되면 대리점을 분양해 로열티, 즉 권리소득을 받게 됩니다. 하나라도 잘 돌아가는 대리점을 분양하면 평생 안정적이고 유지 및 증가하는 권리소득을 올릴 수 있습니다.

네트워크 마케팅 비즈니스는 노동소득으로 시작해 권리소득으로 끝나는 신기한 비즈니스입니다. 따라서 현명하게 일하고자 하는 사람은 네트워크 마케팅 비즈니스를 선택합니다. 비록 처음에는 제품 유통을 위해 홍보 및 판매를 포함한 제품 마케팅을 하므로 세일즈맨처럼 느껴질 수도 있으나 함께하는 소비자와 사업자가 늘어날수록 노동이 줄어들고 대신 소득이 증가합니다. 마치 연금소득처럼 지속적이고, 로열티처럼 유지 및 증가하는 멋진 권리소득을 얻는 것입니다.

네트워크 마케팅에서 올리는 권리소득의 장점

네트워크 마케팅의 권리소득에는 특별한 장점이 있습니다. 이것을 정확히 이해한다면 아마 누구나 이 소득을 얻고 싶어 할 것입니다. 그 특별한 장점은 다음과 같습니다.

1) 능력이 없어도 시스템만 활용하면 된다

네트워크 마케팅 회사는 누구나 활용 가능한 시스템을 제공하며 능력과 학벌, 배경을 묻지도 따지지도 않습니다. 네트워크 마케팅 회사가 준비한 시스템은 마케팅을 통해 유통망을 만들도록 돕는 것으로 제품개발, 시장개척, 고객관리, 세무, 회계, 택배 등 제품을 출시해 소비자에게 안전하게 배달하기까지 **모든 과정이 시스템화**되어 있습니다.

누구나 회사와 유통 계약을 맺고 그 시스템을 활용해 소비자와 사업자를 발굴하면 됩니다. 소비자와 사업자를 배출하기 위한 교육 시스템도 운영하므로 시스템을 잘 파악하고 활용하면 누구나 권리소득을 올릴 수 있습니다.

2) 자산 없이 자산을 만들 수 있다

일반적인 권리소득에는 유형 혹은 무형의 자산이 필요합니다. 월세라는 권리소득을 올리려면 건물 같은 자산이 필요하고, 매년 배당금을 받기 위해서는 주식이라는 자산이 있어야 합니다. **이처럼 우리가 아는 권리소득은 자산이 있어야 하지만 네트워크 마케팅 비즈니스에서는 자산이 필요치 않습니다.** 그러면 자산 없이 어떻게 권리소득을 만들 수 있을까요? 그 해답은 비즈니스 자체에 있습니다.

일단 네트워크 마케팅 비즈니스에 입문하면 회사의 제품을 사용하면서 제품과 비즈니스를 배웁니다. 이것은 자산을 만들기 위한 준비 과정으로 어느 정도 능숙해지면 본격적으로 자산을 만들기 시작합니다. **여기서 말하는 '자산 만들기'는 소비자와 사업자를 발굴하는 것을 의미합니다.**

소비자는 자신이 제품을 사용해본 경험과 교육을 통해 얻은 정보를 주변 사람에게 전하면서 찾아냅니다. 그렇게 해서 소비자가 생기고 그 소비자가 또 다른 소비자를 만들면서 자신으로부터 시작된 소비자 그룹이 커집니다. **이 소비자 유통망이 곧 자산입니다.**

더 거대한 자산은 바로 사업자입니다. 제품을 사용해본 소비자 중에서 네트워크 마케팅 사업과 소득 기회를 알아본 사람이 자신과 함께 비즈니스를 시작하면 사업자가 됩니다. 이들은 단순 소비자가 아니라 여러 명의 소비자를 둔 사업자입니다. **따라서 대리점 내 소비자 수나 소비 금액에 따라 자산의 규모가 천차만별로 나타나며 무한대로 확장될 수 있습니다.**

자신의 유통망은 소비자와 사업자의 규모로 그 크기를 가늠할 수 있습니다. 이것이 네트워크 마케팅 비즈니스에서 말하는 자산 규모입니다. 이러한 자산을 잘 유지할수록 그에 따른 권리소득은 더욱더 유지 및 증가합니다.

3) 완벽한 경제적 은퇴가 가능하다

네트워크 마케팅의 권리소득은 일반적인 권리소득에 비해 유지 및 증가폭이 큽니다. 왜냐하면 내가 아니더라도 내가 전달한 사람이 또 다른 사람에게 제품 및 소득 기회를 전달해 소비자와 사업자 유통망이 커질 수 있기 때문입니다. 이것은 현금이나 부동산, 주식 같은 고정적인 자산의 한정적인 권리소득과 엄연한 차이가 있습니다.

가령 건물을 하나 지어 임대해준 다음 매달 월세를 받는다고 가정해봅시다. 건물은 세월이 지나면 낡고 시설이 노후화하므로 권리소득인 월세가 줄어들 수 있습니다. 건물을 보수해야 그나마 월세를 유지하거나 늘릴 수 있지요.

반면 네트워크 마케팅에서는 소비자가 또 다른 소비자를, 사업자가 또 다른 사업자를 발굴할 경우 소득 기회가 늘어납니다. 이에 따라 시간이 흐르면서 소득이 저절로 커질 가능성이 무한합니다. 덕분에 네트워크 마케팅 비즈니스에서는 완벽한 경제적 은퇴와 행복한 노후가 가능합니다.

직접 회사를 세우는 사람들과 비교해보면 그 차이는 더 크게 느껴집니다.

한국의 어느 대기업 대표는 환갑이 넘은 나이에도 아직 은퇴하지 못하고 있습니다. 급속도로 변화하는 경영 환경으로 인해 회사의 운명이 불투명해지면서 매일 그 대안을 고민하느라 여전히 일선에 머물러 있는 것입니다. 어쩌면 이분은 몸이 완전히 쇠약해질 때까지 일할지도 모릅니다. 반면 **네트워크 마케팅은 경제적 은퇴가 비교적 쉬운 편입니다. 내가 굳이 관여하지 않아도 우수한 제품력으로 소비자는 계속 늘어나고 나와 함께하는**

사업자가 스스로 유통망을 키우기 때문입니다.

일반적인 회사는 사장의 이익을 위해 직원을 고용하고 그들이 월급을 받는 구조지만, 네트워크 마케팅 비즈니스는 각자의 이익을 위해 함께 뭉치는 구조라 모두가 자발적으로 자신의 유통망을 키워 나갑니다. 그러므로 누구나 완벽한 경제적 은퇴가 가능합니다.

4) 상속이 가능하고 그 절차가 간단하다

어떤 사람은 상속이 가능하다는 매력 때문에 네트워크 마케팅 비즈니스를 한다고 말합니다. **실제로 합법적인 네트워크 마케팅 회사는 상속이 가능하며 그 절차도 간단한 편입니다.**

일반 대기업의 오너가 상속해주는 것은 주로 주식, 부동산, 회사 운영권입니다. 이 중에서 주식과 부동산은 절차가 까다롭고 많은 세금을 내야 합니다. 회사 운영권 상속에는 경영 능력이 중요하며 그 능력이 떨어지면 회사 운영권을 박탈당할 수 있으므로 상속 대상이 한정적입니다.

네트워크 마케팅에서는 자손 중 누군가가 네트워크 마케팅 비즈니스를 하기로 결정하면 자신이 만든 유통망을 합법적으로

상속해줄 수 있습니다. 여기에는 어떠한 비용이나 세금도 필요치 않으며 그 절차도 아주 간단합니다.

네트워크 마케팅 비즈니스가 상속이 가능하다는 것은 일의 집중력을 높이는 중요한 동기부여 요소입니다. 특히 유지 및 증가하는 권리소득을 상속해주는 것은 요즘처럼 경기가 어려운 시기에 평범한 일반인이 행복한 미래를 꿈꾸도록 해줍니다.

이렇게 네트워크 마케팅의 권리소득에는 다양한 장점이 있습니다. 그중에서도 가장 중요한 점은 기존에 부자들만 누리던 특권을 일반인도 누리도록 기회를 제공한다는 것입니다. 네트워크 마케팅의 권리소득은 일반인에게 세상의 20퍼센트에 속할 기회를 줍니다.

네트워크 마케팅에서 올리는 권리소득의 가치

네트워크 마케팅의 권리소득은 금액에 상관없이 커다란 가치를 지니고 있습니다. 그 이유를 예를 들어 설명하겠습니다.

1) 권리소득 100만 원의 가치

네트워크 마케팅에서 한 달에 100만 원을 벌었다고 가정해봅시다. 100만 원의 가치를 모르는 사람은 생각보다 소득이 적다며 불평하거나 비즈니스를 포기할 수 있습니다. 반면 그 가치를 아는 사람은 비즈니스에 더욱 열정적으로 매진할 것입니다.

한 달에 버는 100만 원에는 어떤 가치가 숨어 있을까요? 그 100만 원을 해부해보면 정확히 판단할 수 있습니다.

네트워크 마케팅 비즈니스에서 월 100만 원의 소득이 발생한다는 것은 자신이 찾아낸 소비자가 재구매하거나 자신이 만든 사업자 유통망에서 지속적인 매출이 발생한다는 것을 의미합니다. 그러면 이것은 일반적인 소득 100만 원과 어떤 차이가 있을까요?

네트워크 마케팅 비즈니스에서 매달 버는 100만 원은 20년 동안 매달 30~40만 원을 납부하고 은퇴 후 매달 연금 100만 원씩 받는 것과 같습니다. **요즘 같은 금리로 따지면 은행에 7억 6,000만 원을 저축하고 받는 이자와 같습니다.** 이처럼 네트워크 마케팅에서 버는 월소득 100만 원은 엄청난 가치를 지니고 있습니다.

2) 직장인, 자영업자의 수입과는 급이 다르다

이번에는 직장인, 자영업자의 소득과 비교해보겠습니다.

먼저 직장인의 월급과 비교해보면 직장인은 한 달 평균 200만 원의 월급을 받습니다. 월요일부터 금요일까지 하루 8시간, 주5일 근무를 하고 한 시간에 약 1만 원을 대가로 받는 것입니다. 그렇다면 소득 100만 원은 13일 정도 일한 대가입니다.

여기서 중요한 점은 네트워크 마케팅은 일하지 않아도 연금처럼 100만 원의 소득이 나오는 반면 직장인은 약 13일을 꼬박 직장에 나가야 100만 원이 나온다는 것입니다. 직장인의 입장에서 네트워크 마케팅 비즈니스의 월소득 100만 원은 갖고 싶지만 절대 가질 수 없는 불로소득인 셈입니다.

자영업자의 월소득과 비교하면 그 가치는 더 위대합니다.

일단 자영업을 시작하기 위해서는 초기 투자비용을 마련해야 합니다. 점포 임대, 시설 및 인테리어, 직원 채용 등에 돈이 들고 광고까지 해야 하기 때문입니다. 투자금이 최소 몇 천에서 몇 억까지 들어가고 투자가 많아야 수익을 많이 올릴 수 있습니다.

만약 지인이 네트워크 마케팅 비즈니스에서 월소득 100만 원을 벌었다고 하면 자영업자는 아마 콧방귀를 낄 것입니다. 네트워크 마케팅 비즈니스를 하는 사람의 입장에서 그것은 어이없는 일입니다. **네트워크 마케팅 비즈니스에는 투자금이 필요 없습니다. 점포도 직원도 필요 없습니다. 한마디로 네트워크 마케팅 비즈니스에서는 리스크를 최소화할 수 있습니다. 그에 반해 자영업자는 많은 돈을 투자하고도 월소득 100만 원을 벌기 위해 하루 종일 매장에 갇혀 손님을 기다리고 상대해야 합니다.**

가령 음식점을 생각해봅시다.

메뉴 하나를 주문받을 때마다 생기는 마진에 손님을 곱하고 거기에 30일을 곱하면 한 달 소득이 나옵니다. 여기서 끝나는 것이 아닙니다. 그 소득에서 한 달 운영비인 전기세, 가스비, 직원 월급 등을 제한 것이 자영업자의 수익입니다. 돈을 벌어도 이처럼 들어갈 곳이 많기 때문에 자영업으로 몇 백을 벌어서는 겨우 생계유지를 하는 것에 불과합니다. 더구나 최근에는 세 집건너 한 집이 자영업을 하는 상황이다 보니 실질적으로 200만 원 이상 순수익을 버는 자영업자가 많지 않습니다.

또 다른 차이점도 있습니다.

네트워크 마케팅 비즈니스로 번 100만 원은 주민세 몇 퍼센트만 세금으로 내면 나머지는 모두 소득입니다. 몇 백을 벌든, 몇 천을 벌든 몇 퍼센트의 세금만 내면 나머지는 순수익이라는 얘기입니다. 이것을 자영업자의 소득과 비교하면 최소 몇 백만 원의 매출을 올린 것과 같습니다.

과연 자영업자가 월 100만 원을 연금소득처럼 버는 네트워크 마케팅 사업자를 홀대해도 되는 걸까요?

3) 투자금 없이 건물을 소유한 효과를 낸다

네트워크 마케팅의 권리소득은 부동산 소득과 비교하면 더 매력적입니다.

누구나 한 번쯤은 건물을 매입해 평생 임대료를 받으며 편히 살고 싶다는 생각을 합니다. 많은 사람이 부동산임대업이 권리소득을 올리는 좋은 방법인 줄은 잘 몰라도 거기서 나오는 소득이 자신을 편안하고 행복하게 해주리라는 것은 알고 있습니다.

그런데 대부분의 사람들이 자본력의 한계에 부딪쳐 그저 생각만 할 뿐입니다.

 예를 들어 시가 5억 원짜리 건물을 구한다고 해봅시다.

 5억 원을 모으기 위해 10년간 저축한다면 1년에 5,000만 원을 저축해야 합니다. 1년을 12개월로 나누면 매달 약 416만 원을 모아야 합니다. 한국인 성인의 한 달 평균 급여가 200만 원에 불과한 상황에서 이것은 말도 안 되는 일입니다.

 저축기간을 20년으로 늘리면 어떻게 될까요? 그래도 20년 동안 매달 약 200만 원을 모아야 합니다. 먹지도, 입지도 않고 살수 있습니까? 결혼은 꿈도 못 꾸고 경제활동기간에 꼬박 돈만 모아야 합니다. 만약 돈을 모아 건물을 구입할지라도 현 시세로 볼 때 서울 변두리의 오래된 아파트 정도에 지나지 않습니다.

 그러다 보니 많은 사람이 단기간에 수익을 올리기 위해 무리하게 대출을 받거나 전세를 끼고 건물을 매입합니다. 문제는 수요보다 공급이 늘어나는 상황이라 부동산임대업으로 큰 수익을 내는 것이 곤란하다는 데 있습니다.

 더 이상 저축을 해서 집이나 건물을 살 수 있는 시기는 지났습니다. 그리고 웬만한 부동산으로는 인생을 안정적이고 행복하게 살아갈 수 없습니다. 그렇다고 방법이 아예 없는 것은 아닙니다. 소유한 부동산은 없어도 부동산을 소유한 사람처럼 정기적인 소득을 얻는 방법을 선택하면 됩니다. 그러한 방법 중 하나가 네트워크 마케팅 비즈니스로 권리소득을 올리는 것입니다.

네트워크 마케팅 비즈니스에서는 소비자 회원과 사업자 회원을 모집해 안정적인 권리소득을 올릴 수 있습니다. 회원들의 지속적인 재구매로 안정적인 매출이 일어나고 자신과 같은 사업자를 배출하면, 매출에서 일정 부분을 매달 지급받기 때문에 안정적인 소득을 보장받습니다.

부동산임대로 매달 받고 싶은 소득이 얼마입니까? 네트워크 마케팅 시스템을 활용해 소비자와 사업자를 배출함으로써 그만큼의 소득을 올리십시오. 물론 수익구조는 네트워크 마케팅 회사마다 약간씩 다르지만 **월 100만 원의 소득을 올릴 경우 강남에 32평짜리 아파트를 소유해 월세를 받는 것이나 마찬가지입니다.**

투자금 한 푼 없이 자신의 노력만으로 이런 소득을 올리는 것은 굉장히 효율적인 일입니다. 네트워크 마케팅 비즈니스에서 시간이 갈수록 더 많은 소득을 올리면 새로운 건물을 한 채, 두 채 늘려가는 것 같은 재미를 느낄 수 있습니다.

얼마나 큰 건물을 짓고 싶은가요? 거기에서 얼마나 많은 임대소득을 얻고 싶은가요? 이것을 결정했다면 네트워크 마케팅 비즈니스에 집중하십시오. 계속해서 소비자와 사업자를 늘려가는 것은 쉽고 현명한 권리소득 구축 방법입니다.

4) 레버리지를 활용한 권리소득

레버리지(Leverage)란 지렛대를 말합니다. 보통 무거운 물건을 들어 올릴 때 지렛대의 원리를 이용하는데, 경제학의 관점에서 이것은 기업이나 개인사업자가 차입금을 지렛대 삼아 자기자본 이익률을 높이는 것을 의미합니다.

미국의 석유재벌 진 폴 게티(Jean Paul Getty)는 **"자신의 100퍼센트 노력보다 100명의 노력 1퍼센트를 합친 것이 더 낫다"**라고 했습니다. 진 폴 게티가 말한 내용이 바로 레버리지의 원리이며 이것이 네트워크 마케팅 비즈니스에서 권리소득을 올리는 비결입니다.

그러면 네트워크 마케팅 비즈니스에서의 레버리지를 예를 들어 살펴봅시다.

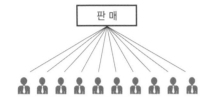
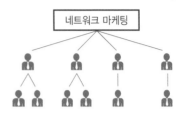

　　판매와 네트워크 마케팅은 레버리지의 차이를 극명하게 보여줍니다. 둘 다 제품을 유통시키는 것은 마찬가지지만, 판매는 내 노력을 100퍼센트 쏟아 열 명에게 제품을 판매합니다. 반면 네트워크 마케팅 비즈니스에서는 내 노력을 40퍼센트 기울여 네 명에게 제품을 전달하고, 그 네 명이 다시 다른 사람에게 제품을 전달합니다. 네트워크 마케팅 비즈니스에서 이런 구조가 가능한 데는 그만한 이유가 있습니다.

　　판매는 단순소득을 목적으로 소비자에게 잘 파는 데 주력합니다. 소비자의 목적은 더 좋은 제품을 보다 저렴한 가격에 사는 데 있습니다. 즉, 단순히 잘 구입해서 잘 쓰면 그만입니다. **네트워크 마케팅은 다릅니다. 좋은 제품을 저렴하게 구입하는 것은 기본이고 이것을 활용해서 소득 기회까지 누립니다.** 소비자는 자신이 사용해보고 마음에 들면 소득 창출을 위해 직접 다른 사람에게 제품 정보를 알려주면서 구입을 권합니다. 이 처럼 '판매'에는 없고 '네트워크 마케팅'에는 있는 소득 기회가 레버리지를 활용하도록 해줍니다.

네트워크 마케팅의 소비자는 자신이 어떤 위치에 있든 상관 없이 평등한 소득을 창출합니다. 다시 말해 일한 만큼, 자기 역할을 수행한 만큼 소득을 올립니다. 누구든 몇 명의 소비자를 만들었는가에 따라 소득 규모가 결정되는 것입니다.

일단 내가 먼저 제품을 써보고 그에 따른 혜택을 주변 사람에게 전달해 제품을 사용하게 합니다. 그렇게 해서 제품을 사용하는 사람이 늘어날수록 또 그들이 재구매할수록 레버리지는 커집니다. 권리소득은 이를 통해 따라오는 당연한 결과입니다.

네트워크 마케팅의 이러한 권리소득을 이해하면 저녁에 잠을 이루지 못할 것입니다. 이전까지만 해도 전혀 꿈꾸지 못하던 소득을 올릴 기회를 잡은 셈이기 때문입니다. 이제 권리소득은 그 방법을 정확히 이해하고 단기간에 집중하기만 하면 평범한 사람도 누릴 수 있습니다. 네트워크 마케팅 비즈니스와 함께라면 그것이 얼마든지 가능합니다.

네트워크 마케팅을 통해 권리소득을 올리는 방법

이제는 권리소득을 올리기 위해 우물가에서 숭늉을 찾을 필요가 없습니다. 이미 대자본, 대기업, 부자들의 기득권이 되어버린 부동산이나 프랜차이즈 혹은 주식시장을 기웃거릴 필요가 없다는 얘기입니다. 누구나 열정을 다해 집중하면 일반적인 일보다 성공 확률이 높은 사업 기회가 바로 네트워크 마케팅 비즈니스입니다.

지금부터 그 비즈니스로 권리소득을 올리는 방법을 몇 가지 알려드리겠습니다.

1) 검토는 신중하게, 선택은 빠르게

'순간의 선택이 10년을 좌우한다' 는 말이 있습니다. **네트워크 마케팅 비즈니스는 일반적인 사업처럼 10년을 내다보고 하는 신유통 사업입니다.** 그래서 신중한 검토와 정확한 선택이 중요합니다.

많은 사람이 지금도 지인의 손에 이끌려 사업설명회에 참석합니다. 한국에는 '정' 문화가 있어서 객관적인 사실보다 인맥, 지연, 학연에 이끌리는 경우가 많은데 이것은 네트워크 마케팅 비즈니스를 정확히 검토하고 선택하는 데 큰 걸림돌입니다.

만약 당신이 네트워크 마케팅을 처음 접하는 것이라면 이런 저런 관계를 접어두고 신중하게 검토해야 합니다. 예를 들면 어떤 회사인지, 어떤 아이템을 취급하는지, 어떤 비전이 있는지 꼼꼼하게 따져봐야 합니다. 보상플랜이 평등하고 누구나 소득을 창출하는 구조로 이루어져 있는지도 중요한 검토 사항입니다.

네트워크 마케팅에서 권리소득을 올리려면 제품을 사용하는 소비자, 아이템을 전달하는 사업자를 잘 만들 수 있는 환경이어야 합니다. 그러므로 회사, 제품, 보상플랜에 대해 자기 나름대로 기준을 세워야 합니다.

① 회사

어떤 회사인지 정확히 알려면 '공정거래위원회' 홈페이지를 방문해 '사업자정보공개' 메뉴에서 회사 정보를 확인하는 것이 좋습니다. 매출, 실적, 후원수당을 검토하는 것은 기본이고 어떤 아이템이 가장 잘 유통되고 있는지도 확인해야 합니다.

사업설명회에 참석했을 때는 설명회의 분위기, 참석자 수와 연령대, 전반적인 회사 정보 및 비전을 검토합니다. 설명회가 끝난 뒤에는 반드시 실무자와 만나 수익구조를 정확히 알아봐야 합니다. 사업에 입문하면 어떤 시스템에 참석할 수 있는지도 확인하십시오.

주먹구구식으로 허술하게 운영하는 네트워크 마케팅 회사는 주로 판매 기술을 가르칩니다. 이것은 네트워크 마케팅의 본질에 어긋나는 시스템이므로 피하는 것이 좋습니다. **열심히 판매한다고 권리소득을 올리는 것이 절대 아니므로, 집중해서 사업을 할 경우 권리소득을 올리게 해주는 회사를 찾아야 합니다.**

② 제품

네트워크 마케팅 비즈니스에서는 제품이 본연의 역할을 잘 해야 합니다. **권리소득은 제품의 유통이 잘 이뤄졌을 때 그 대가로 나오는 것이기 때문입니다.** 네트워크 마케팅 비즈니스에서 권리소득을 올리기 위해 반드시 필요한 제품의 조건은 다음과 같습니다.

<u>첫째, 누구나 사용하는 생필품이어야 합니다.</u>
다시 말해 우리가 매일 쓰는 치약, 샴푸, 비누, 건강식품 등이

주요 제품이어야 합니다. 그래야 소비하기 쉽고 제품 회전율이 빠르기 때문입니다.

둘째, 제품력이 좋아야 합니다.

아무리 값이 싸도 제품의 질이 좋지 않으면 소비자는 그 제품을 외면합니다. 생활수준이 높아지고 정보가 풍성한 요즘 소비자들은 제품에 대한 분석력 및 판단력이 우수합니다. 무엇보다 제품력이 좋으면 재구매율이 높아집니다. 제품의 품질이 좋고 효과까지 뛰어나면 권하기도 전에 소비자가 먼저 사용하려 하며 마니아까지 생겨납니다.

셋째, 가격이 합리적이어야 합니다. 아무리 품질이 우수해도 가격이 터무니없이 비싸면 비즈니스를 펼치는 사업자부터 사용하기가 버겁습니다. 소비자가 외면하는데 사업자가 사업상 비싼 가격에라도 제품을 사용해야 한다면, 제품이 팔리거나 재구매가 일어날 때마다 발생하는 소득을 과연 누가 잘 받을 수 있겠습니까?

③ 보상

간단히 말해 사람을 한 명 데려올 때가 아니라 제품이 하나 팔릴 때마다 수익이 발생하는 구조여야 합니다. 전자는 과거에 사회적으로 물의를 일으킨 잘못된 피라미드 방식입니다. 정통 네트워크 마케팅에서는 사람을 데려왔을 때가 아닌 제품의 유통이 일어났을 때 수익이 발생합니다.

제품 하나가 유통되었을 때 제품 가격의 몇 퍼센트가 자신의 수익과 관련이 있는지도 중요합니다. 팁을 드리자면 회사가 직접 개발해서 유통시키는 제품일수록 더 많은 퍼센트를 소득으로 나눠줍니다.

보상에서는 특히 권리소득 부분을 잘 체크하십시오. **소비자와 사업자가 늘어나면서 자신이 받는 소득이 누구나 납득할 수 있고 평등한 수준인지 확인해야 합니다.** 가령 자신의 소비자가 처음 제품을 살 때와 재구매할 때 발생하는 수익이 같은 것이 좋습니다.

사업자가 사업자를 배출하고 또 그 사업자가 사업자를 배출할 때 발생하는 수익도 같은 것이 좋습니다. 각 회사에는 매년 정식으로 발표하는 '후원수당'이 있습니다. 이것을 잘 검토한 뒤 자신이 비즈니스를 시작할 경우 돈을 벌 수 있는 확률을 잘 따져보기 바랍니다.

회사, 제품, 보상을 잘 검토했다면 빨리 선택해서 비즈니스를 시작해야 합니다. 빠른 선택은 빠르고 집중적인 행동력을 유도합니다. 권리소득을 올리는 방법을 알면서도 시작하는 것을 주저하다가 타이밍을 놓치면 반드시 후회할 것입니다.

2) 시스템에 합류해 활용하기

어떤 경우에든 회사가 성장하는 이유는 시스템에 있습니다. 요즘 유행하는 렌터카 시장에서 성공의 열쇠는 전국에 수많은 A/S센터를 만드는 데 있습니다. 이것이 바로 성장하는 회사의 성공 시스템입니다.

네트워크 마케팅 비즈니스도 마찬가지입니다. **네트워크 마케팅의 본질은 누구나 네트워크 마케팅 비즈니스로 소득 기회를 얻어 돈을 버는 것입니다.** 전문가가 아닌 일반인도 네트워크 마케팅 비즈니스로 성공할 수 있는데 그것을 뒷받침해주는 것이 **시스템**입니다.

시스템은 권리소득을 올리기 위한 필요조건입니다. 그런데 많은 사람이 시스템에 합류하지 않고 권리소득을 바랍니다. '그냥 열심히 팔면 되겠지?' 하는 생각으로 제품 판매에만 열을 올리는 것입니다. 네트워크 마케팅 비즈니스에서 진정으로 권리소득을 올리고 싶다면 시스템에 집중해야 합니다.

시스템은 **'같이 성장해야 함께 돈을 번다'**는 생각을 서로 교감하는 자리입니다. 대리점이 성장해야 맥도널드 본사가 더 많은 로열티를 가져갈 수 있듯 네트워크 마케팅 비즈니스도 함께하는 사업자가 성장해야 자신도 성장할 수 있습니다. 이러한 원칙을 실천하는 자리가 시스템입니다.

네트워크 마케팅 회사와 사업자가 운영하는 주요 시스템은 다음과 같습니다.

- 네트워크 마케팅 비즈니스 본질 알기
- 현실 점검과 네트워크 마케팅 비전
- 꿈과 목표 설정
- 인간관계와 리더십
- 소비자와 사업자 배출 노하우
- 팀을 만들고 복제하기

이것은 분명 우리가 평소에 생각하던 내용이 아닙니다. 네트워크 마케팅에는 우리의 인생을 바꿀 수 있는 성공 시스템이 존재합니다. **만약 네트워크 마케팅 비즈니스를 시작하기로 결정했다면 가장 먼저 시스템에 합류하기를 권합니다.** 그 속에서 권리소득을 올리는 선배 사업자를 보고 배우십시오. 그가 했다면 당신도 할 수 있습니다. 성공의 내비게이션 역할을 하는 많은 사람이 시스템과 함께하므로 당신은 시스템에서 성공 가능성을 몸소 체험하게 될 것입니다.

3) 목표는 정확하고 사실적으로

네트워크 마케팅 비즈니스로 권리소득을 만드는 데는 어느 정도 시간이 필요합니다. 물론 현실적인 목표가 있으면 그 시간의 길고 짧음은 스스로 조정할 수 있습니다.

어떤 사람은 네트워크 마케팅 비즈니스를 시작함과 동시에 권리소득을 받을 수 있을 거라고 생각합니다. 이것은 커다란 착각입니다.

네트워크 마케팅 비즈니스에서 올리는 소득은 다음과 같이 구분할 수 있습니다.

일단 네트워크 마케팅에 입문하면 비즈니스를 배우는 기간과 소비자를 구축하는 기간이 필요합니다. 그 기간에 비즈니스에서 처음 소득이 발생합니다. 수익은 회사가 정해놓은 매출을 달성해야 발생하며 여기에 소비자가 재구매하는 기간을 더하면 길게는 1~2개월이 소요됩니다. **작게나마 권리소득의 맛을 보는 시기는 소비자가 재구매를 시작할 때입니다.**

본격적으로 권리소득을 올리는 기간은 회사마다 약간씩 차이가 있습니다. 어떤 회사는 자신이 먼저 사업자가 되어야 합니다. 그 과정을 별도로 1~3개월로 정해둔 회사도 있는데, 이 경우 사업 진행 기간에 비즈니스를 열심히 배우는 동시에 소비자 구축에 집중해야 합니다. **그 기간을 충실히 보내고 사업자가 되면 기대하던 권리소득을 올릴 수 있습니다.**

결국 네트워크 마케팅은 비즈니스 학습, 제품 사용, 소비자 구축으로 발생하는 노동소득으로 시작합니다. 그러다가 소비자가 재구매를 시작하고 함께하는 사업자를 배출하면서 권리소득을 올리게 됩니다.

원하는 시기에 원하는 연금을 받기 위해 계획에 따라 매달 일정 금액을 납부하는 것처럼 네트워크 마케팅 비즈니스에서도 철저한 계획이 필요합니다. 지금 당장 실현 가능한 권리소득 금액을 계획하십시오. 이미 권리소득을 올리고 있는 스폰서와 상의해 최대한 현실적으로 계획을 세워야 합니다. 더불어 그 소득이 매달 나오도록 하려면 어떤 일을 해야 하는지 상세히 기록한 뒤 그것을 실천하십시오.

대략 몇 명의 소비자 혹은 사업자를 배출하고 그들과 함께 어느 정도 제품을 유통시켜야 하는지 스폰서와 의논하면 됩니다. 연금처럼 딱 떨어지는 구체적인 계획을 직접 세우십시오. 계획은 한눈에 알아볼 수 있을 정도로 간단한 것이 좋습니다.

이토록 짧은 시간에 단순한 실천으로 노동소득이 아닌 매달 발생하는 권리소득을 올릴 수 있다는 것은 얼마나 놀라운 일입니까?

4) 권리소득은 후원수당으로부터

'후원수당'이란 네트워크 마케팅 비즈니스에서 받는 보상을 말합니다. 쉽게 말해 후원을 잘하면 받는 것이 후원수당입니다. 이것은 많은 사람이 생각하는 판매수당과는 다릅니다. 네트워크 마케팅 회사가 이 용어를 사용한다는 것은 네트워크 마케팅

이 판매업이 아님을 보여주는 간접적인 증거입니다.

그러면 누구를 어떻게 후원해야 하는 것일까요? 왜 후원을 하면 권리소득이 생기는 것일까요? 지금부터 그 내용을 살펴보겠습니다.

후원 대상은 소비자 또는 사업자를 포함합니다. 여기서 다시 네트워크 마케팅의 본질로 돌아가 봅시다. 누구나 네트워크 마케팅 제품을 사용할 수 있는데 이때는 그저 단순 소비자입니다. 그 소비자가 제품을 사용해보고 제품을 통해 감동을 받으면 다른 사람에게 구전광고를 합니다. 그 광고를 접한 사람은 스스로 선택해 제품을 사용하고 이때부터 두 사람 사이에 후원관계가 형성됩니다.

회사는 제품을 사용한 첫 번째 사람에게 회사가 규정한 조건에 따라 후원수당을 줍니다. 철저한 자본주의의 원칙에 따라 일한 만큼 후원수당을 지급하는 것이지요. 첫 번째 소비자에게 후원수당을 지급하는 명목은 구전광고와 제품구매 방법 전달에 있습니다. 두 번째 소비자가 회원가입 후 제품을 구매한 경우 회사는 후원이 잘 이뤄졌다고 판단해 첫 번째 소비자에게 후원수당을 지급하는 것입니다.

이제 사업자를 배출했을 때의 후원수당을 알아보겠습니다. 이것은 프랜차이즈 사업과 같은 원리입니다. 프랜차이즈 본사에는 돈 버는 시스템이 있습니다. 이들은 두 가지 방법으로 로열티를 받는데, 하나는 대리점을 오픈할 때 공급하는 판매 시스템이고 다른 하나는 대리점이 망하지 않고 성공하도록 돕는 지원 시스템입니다. 이처럼 프랜차이즈 본사는 두 가지 시스템을 대리점에 공급하고 매달 로열티를 받아 권리소득을 올립니다.

네트워크 마케팅 비즈니스도 마찬가지입니다. **제품을 사용해보고 비즈니스를 시작하는 사람에게 소득 기회와 사업 정보를 전달한 사람은 그 대가로 신규 사업자 매출의 일정 부분을 후원수당으로 받습니다. 또 신규 사업자가 사업을 잘할수록 신규 사업자 매출의 일정 부분을 매달 후원수당으로 받습니다.** 바로 여기서 멋진 권리소득이 발생합니다.

프랜차이즈 본사가 지속적으로 로열티를 받으려면 대리점이 매달 잘 운영되어야 하는 것처럼, 네트워크 마케팅 비즈니스에서도 신규 사업자가 매달 사업을 잘 진행해야 후원수당이 유지 및 증가합니다. 사업자를 통한 후원수당, 즉 권리소득은 사업자가 비즈니스를 잘하도록 지속적으로 지원한 결과입니다.

일반적으로 사람들이 권리소득을 받기 위해서는 많은 돈을 투자해야 합니다. 반면 네트워크 마케팅 비즈니스에서 권리소득을 올리고자 하는 사람들은 시간과 열정을 투자합니다. 일반적인 사고방식 아래서는 도저히 납득하기 어려운 원리지만 실제로 네트워크 마케팅 비즈니스에서는 돈보다 시간과 열정을 더 중요시합니다.

비록 돈이 돈을 버는 세상이지만 네트워크 마케팅 비즈니스는 그 통념을 깨고 권리소득을 올리는 새로운 기회를 제공하고 있습니다.

마치며

세상에는 권리소득을 올리는 다양한 일과 방법이 존재합니다. 지금까지 권리소득은 특별한 능력, 거대한 자산, 완벽한 시스템을 갖고 있는 사람들만 누리던 특권이었습니다. 일반인은 결코 범접할 수 없는 신비한 소득이었지요. 하지만 세상의 변화와 더불어 가치가 변하면서 일반인도 누릴 수 있는 권리소득이 등장했습니다.

네트워크 마케팅 비즈니스를 통한 권리소득 창출!!
이제는 누구나 네트워크 마케팅 비즈니스를 통해 특권 아닌 특권을 누릴 수 있습니다. 이 책을 읽었다면 더 이상 구닥다리 방식으로 권리소득을 올리기 위해 애쓰지 마십시오. 보다 쉽고 빠른 방법을 준비해 둔 네트워크 마케팅 비즈니스가 있습니다.

능력, 배경, 학벌 등 어떠한 조건도 묻지 않고 따지지도 않는 네트워크 마케팅 비즈니스를 통해 모두가 평등하고 정직한 방법으로 인생을 바꿔줄 권리소득을 올릴 수 있습니다.

한번 도전해보십시오. 당신의 생각과 행동, 인생이 변하기 시작할 것입니다.

당신의 사업을 설계하라
DESIGN YOUR BUSINESS

초판 1쇄 발행 | 2016년 7월 28일
출판등록번호 | 제2015-000155호
펴낸곳 | 도서출판 라인

발행인 | 오 정 훈
기 획 | 정 유 식
디자인 | 김 세 형
마케팅 | 서   설

잘못된 책은 바꿔드립니다.
가격은 표지 뒷면에 있습니다

ISBN 979-11-87311-05-8

주소 | 서울시 강남구 대치4동 샹제리제빌딩
전화 | 02-558-1480/070-8850-5022
팩스 | 02-558-1440
메일 | success7410@naver.com

※도서출판 라인은 석세스파트너의 출판 브랜드입니다.